최정화 교수와 함께 떠나는 7일간의 프랑스어 회화 여행

최정화 교수와 함께 떠나는 7일간의

프랑스어 회화 여행

최정화

HU:iNE

책을 내면서

글로벌 시대를 맞이하여 세계가 지척으로 다가와 있기에 요즈음은 유럽도 더는 먼 여행지로 생각되지 않는다. 필자가 10년 넘어 살았던 곳이며 자주 다녀 새록새록 애정을 느끼는 프랑스로 향한 발걸음도 이제는 가볍게 느껴진다.

프랑스인들의 에스프리 그 자체인 프랑스어와 프랑스 문화를 많은 사람과 나누고 싶은 마음에 이 책을 쓰게 되었으며 한불 수교 130주년 기념 상호교류의 해가 내년으로 성큼 다가온 만큼 올해 빛을 보게 하고 싶었다.

이 책은 프랑스어를 쉽고 빠르게, 무엇보다도 재미있게 회화 실력을 향상할 수 있도록 구성하여 읽다 보면 상황별로 유용한 프랑스어 표현들을 익히고 문화적 배경도 이해하게 된다. 하나하나 새로운 삶의 양태를 알 수 있는 여행이기에 짧은 시간이라도 즐거운 마음으로 여정에 임할 수 있으며 나아가 다양한 체험을 하며 프랑스를 느낄 수 있게 되는 것이다.

프랑스인들이 실생활에서 사용하는 자연스러운 문장과 활용도가 가장 높은 문장들을 싣되 즐거운 7일 여행이 되도록 곳곳에 유머를 가미하였다. 또한, SNS 문화 등의 최신 트렌드를 교통, 통신, 예술, 행정 등 다양한 분야의 상황을 반영하여 현장에서 사용할 수 있는 '신선한' 프랑스어 회화를 소개하도록 노력하였다.

한편, 프랑스어의 독특한 발음과 문법도 즐거운 프랑스어 회화 여행에 걸림돌이 되지 않게 앞부분에 간단명료하게 설명하여 쉽게 이해할 수 있도록 하였으며 읽다 보면 자연스레 요긴한 대화거리를 익힐 수 있다. 특히 '같은 뜻 다른 표현' 코너를 통해 한가지 방식에 얽매이지 않고 자유로이 문장을 구사하고 이해할 수 있는 감각도 키울 수 있도록 엮었다.

프랑스가 자랑하는 세계적 석학 쟈크 아탈리에 따르면 30년 내 아프리카 인구가 급증하여 현재 전 세계 2억 2000만 명인 프랑스어권 인구가 7억 명이 될 것으로 내다보고 있다. 프랑스어권 확대에도 관심을 두고 지금부터 프랑스어 소통 능력을 키우면 앞으로 소중한 경쟁력이 될 것이라 믿어 의심치 않는다.

이 책이 나오기까지 음양으로 많은 도움을 준 프랑스 문화원의 Daniel Olivier 원장과 원고 정리를 도와준 제자 김미나 연구원에게 깊은 감사의 마음을 전한다.

2014년 7월에,

최정화

Contents

Jour 2 교통과 통신

Jour 3 관광과 쇼핑

Jour 4 초대와 음식

Jour 5 문화와 여가생활

Jour 6 행정과 관공서

Jour 7 축제와 휴일

회화를 시작하기 전 꼭 짚고 넘어가야 할 사항

기본 알파벳 발음

A [a] 아	B [be] 베	C [se] 쎄
D [de] 데	E [ə] 으	F [ɛf] 에프
G [ʒe] 줴	H [aʃ] 아쉬	I [i] 이
J [ʒi] 지	K [ka] 까	L [ɛl] 엘
M [em] 엠	N [ɛn] 엔	O [o] 오
P [pe] 페	Q [ky] 뀌	R [ɛr] 에르
S [ɛs] 에스	T [te] 떼	U * [y] 위
V [ve] 베	W [dubl∂ve] 두블르베	X [iks] 익스
Y [igRɛk] 이그렉	Z [zɛd] 제드	

* 입모양을 '우'로 동그랗게 만들고 소리는 '이'를 낸다고 생각

프랑스어 발음의 10가지 특징

이것만 알면 회화 준비 완료!

1. 모음끼리 결합하여 새로운 소리가 만들어짐

- ai 에 mai
- ei 에 Eiffel
- au, eau 오 chevaux, beau
- ou 우 mou
- oi 우아 moi
- eu 외 (입모양을 '오'로 동그랗게 만들고 소리는 '에'를 낸다고 생각) meuble

2. 비모음, 즉 콧소리

- am, an, em, en 앙 ambiance, France, emmener, enfant
- om, on 옹 ombre, oncle
- im, in, aim, ain 앵 important, intéressant, faim, pain
- um, un 엉 parfum, un

3. 악쌍

프랑스어 모음에는 악쌍이 붙을 때 발음이 달라진다.

e위에 다음 세 종류의 악상이 붙으면 '으'가 '에'가 된다.

´ 악쌍떼귀 accent aigu : e위에 위치. 발음은 [e]

école

` 악쌍그라브 accent grave : a, e, u 위에 위치. 발음은 불변이나 e에 오면 [ɛ]

à, mère, où

^ 악쌍 씨르꽁플렉스 accent circonflexe : a, e, i, o, u 위에 위치. 발음은 불변이나 e위에 오면 [ɛ]

âme, être, île, hôtel, août

기타 부호

¨ **트레마 tréma** : e, i, u 위에 위치하고 발음은 불변이며 모음끼리 결합하더라도 1의 규칙을 무시하고 따로 떼어 읽어준다.

Noël, naïf, aigüe

\- **트레뒤니옹 trait d'union** : 두 단어 이상을 연결해 한 단어로 만들 때

dix-neuf, arc-en-ciel

ç **쎄디으 cédille** : a, o, u 앞에 위치. [k]를 [s]로 발음하라는 표시

français, leçon, reçu

4. 단어의 제일 끝에 오는 자음은 발음이 안 된다. 단, 예외는 있다.

- ballet, tabac, aller, eaux, français

예외 fil, dix, or 등

5. c와 g

- c는 e, é, i 앞에 오면 [s] 발음
  ceci, Cécile
- g는 e, é, i 앞에 오면 [ʒ] 발음
  gel, mangé, gilet

6. ch와 gn

- ch는 [ʃ] 발음
  chat, change
- gn는 [ɲ] 발음
  champagne, compagnon, agneau

7. s는 모음 사이에서 [z]로 발음

- Elysée, musée, musique

8. Liaison 리에종=연음

- 원칙상 의미로 연결되는 두 단어 사이에서 일어난다. 예를 들어 'allez-y가세요' 라는 문장에서 발음이 '알레-이'가 아니라 '알레지'로 z가 y에 연결이 되어 발음 된다. [s] 발음은 [z]로 연음이 된다.
  Allez-y., mes amis, les Etats-Unis

9. 모음 생략

- 모음끼리 만나거나 모음과 무성 h(10번에서 설명)가 만나면 앞의 모음을 생략한 다. 그래서 원래 je t'aime는 je te aime 이지만 te의 e와 aime의 a가 충돌하기 때문에 t'aime로 축약된다.

10. 유성 h와 무성 h

- 일단 h는 발음이 안 난다고 생각하면 된다. 예를 들어 병원은 hôpital인데 발음 은 '호삐딸'이 아닌 '오삐딸'이다.
- 유성 h는 h의 가치를 인정해줘서 리에종이나 모음 생략이 불가능하다. 반대로 무성 h는 리에종과 모음 생략이 가능하다.
- 유성 h: le hibou, les haricots, la haine
  무성 h: l'hôpital, les huîtres

가장 중요한 문법 중 하나인 관사

- 남성명사 앞의 un, 여성명사 앞의 une:
- 영어의 a/an에 해당하고 '한 개'라는 뜻

- 남성명사 앞의 le, 여성명사 앞의 la, 복수명사 앞의 les:
- 영어의 the에 해당하는 정관사

들어가기 전에

- 남성명사는 (m.) 여성명사는 (f.)라고 표기
- 복수는 (pl.)로 표기
- 남성형용사는 괄호 밖, 여성형용사는 괄호 안 표기
  ex. ravi(e) : ravi=남성, ravie=여성

Jour 1
일상 생활과 감정 표현

01_ Je suis ravi(e) de vous rencontrer. 만나서 반갑습니다.
02_ Quelle est votre nationalité ? 당신의 국적은 어디입니까?
03_ Bonne soirée ! 안녕히 가세요.
04_ Ça fait longtemps. 오랜만이에요.
05_ Quel est votre (numéro de) téléphone ? 휴대전화 번호 좀 알려주시겠어요?
06_ Quelle est votre profession ? 직업이 뭐예요?
07_ Il fait beau. 날씨가 좋아요.
08_ Etes-vous disponible ? 시간 괜찮으세요?
09_ Félicitations ! 축하해요!
10_ J'en ai marre. 질렸어요.
11_ Je suis enrhumé(e). 감기에 걸렸어요.
12_ Il est de mauvaise humeur. 그는 오늘 기분이 안 좋아요.
13_ Je suis fatigué(e). 피곤해요.
14_ N'oubliez pas de changer d'heure. 시간을 변경하는 걸 잊지 마세요.

01 Je suis ravi(e) de vous rencontrer.

만나서 반갑습니다.

같은 뜻 다른 표현

- Je suis ravi(e) / content(e) / heureux(-euse) de faire votre connaissance.
- C'est un plaisir de vous rencontrer.

실전 회화

Michel : Sophie, Minsu. Minsu, Sophie.
미셸 : 소피, 여기는 민수. 민수, 여기는 소피예요.

Minsu : Je suis ravi de vous rencontrer.
민수 : 만나서 반갑습니다.

Sophie : Je suis très contente de faire votre connaissance.
소피 : 저도 민수씨를 만나서 정말 기뻐요.

높임말 vs 반말

프랑스에도 한국처럼 높임말과 반말이 있다. '너'는 tu, '당신'은 vous라고 하고(vous에는 tu의 복수인 '너희들'이란 뜻도 있다) tu를 사용하여 말하는 것을 tutoyer, vous를 사용하여 말하는 것을 vouvoyer라고 한다. 상대방에게 '저에게 tutoyer를 하셔도 됩니다'라고 말하고 싶다면 «Vous pouvez me tutoyer.»라고 하면 된다.
이 책은 vouvoyer를 이용한 예문을 많이 실었다.

02
Quelle est votre nationalité ?

당신의 국적은 어디입니까?

같은 뜻 다른 표현

- D'où venez-vous?
- De quel pays êtes-vous?

실전 회화

Sophie: Quelle est votre nationalité ?
소피 : 어느 나라 출신이예요?

Minji: Je suis coréenne.
민지 : 저는 한국인이예요.

Sophie: Habitez-vous à Séoul ?
소피 : 서울에 사세요?

Minji: Non, j'habite à Busan. C'est une ville comme Marseille.
민지 : 아뇨, 전 부산에 살아요. 마르세이유 같은 도시예요.

La Corée(라 꼬레)

한국은 la Corée du Sud, 북한은 la Corée du Nord라고 하고 한국 사람은 Sud-Coréen(ne), 북한 사람은 Nord-Coréen(ne)이라고 한다. 한국어는 le coréen이라고 한다.
한국은 le Pays du Matin calme 즉, '고요한 아침의 나라'라고도 불린다.

03
Bonne soirée* !

안녕히 가세요.

*저녁에 헤어질 때 하는 인사

같은 뜻 다른 표현

- **Bonne journée.** (아침이나 낮에 헤어질 때)
- **Bonne fin d'après-midi.** (오후 끝 무렵 헤어질 때)
- **Bonsoir.** (저녁에 만났을 때도 쓰지만 Bonne soirée와 같은 뜻으로도 쓰임)
- **Bonne nuit.** (자기 전에)
- **Au revoir.**
- **A bientôt.**
- **Salut.** 구어 (만날 때, 헤어질 때 둘다 사용)

처음 배울 때는 헷갈릴 수 있으니 오른쪽 표를 보고 정리하자.

실전 회화

Sophie : Je suis désolée mais je dois y aller.
소피 : 죄송하지만 이제 가봐야 할 것 같아요.

Minsu : Déjà ?
민수 : 벌써요?

Sophie : Oui, j'ai trop de travail.
소피 : 네, 일이 너무 많아서요.

Minsu : Ok. Rentrez bien alors.
민수 : 네, 그럼 잘 들어가세요.

Sophie : Merci, bonne soirée.
소피 : 감사합니다. 좋은 시간 보내세요.

가장 많이 쓰는 인사말

	만났을 때	헤어질 때
아침, 낮	Bonjour.	Bonne journée. (아침, 낮) Bonne fin d'après-midi. (오후 끝 무렵)
저녁	Bonsoir.	Bonsoir. Bonne soirée.
자기 전		Bonne nuit.
아침, 낮, 저녁 공통		Au revoir. A bientôt.
	Salut. 구어	

04

Ça fait longtemps.

오랜만이에요.

같은 뜻 다른 표현

• Ça fait un moment.

실전 회화

Sylvie : Comment allez-vous ?
실비 : 잘 지내셨어요?

Minsu : Ça fait longtemps.
민수 : 오랜만이에요.

Sylvie : C'est vrai. Tout va bien pour vous et votre famille ?
실비 : 그러게요. 민수씨와 가족들도 모두 잘 지내시죠?

Minsu : Oui. Je suis très heureux de vous revoir.
민수 : 잘 지내죠. 실비씨를 다시 봐서 정말 기뻐요.

감정을 나타내는 표현

기쁘다, 행복하다	content(e) / ravi(e) / heureux(-euse) / aux anges
기분이 좋다	de bonne humeur*
기분이 안 좋다	de mauvaise humeur*
슬프다	triste / attristé(e) / chagriné(e)
화났다	énervé(e) / en colère / vexé(e) / fâché(e)
놀랐다	surpris(e) / étonné(e) choqué(e)
유감이다	désolé(e) / navré(e)

*1과 12번을 참고

05

Quel est votre (numéro de) téléphone ?

휴대전화 번호 좀 알려주시겠어요?

같은 뜻 다른 표현

- Puis-je avoir votre (numéro de) téléphone ?
- Pouvez-vous me donner votre (numéro de) téléphone ?
- Donnez-moi votre (numéro de) téléphone, s'il vous plaît.
- Pouvez-vous me donner vos coordonnées ?

실전 회화

Sophie : Quel est votre numéro de téléphone ?
소피 : 휴대전화 번호 좀 알려주세요.

Minsu : 06 44 64 26 97. C'est bon ?
민수 : 06 44 64 26 97이예요. (저장)됐어요?

Sophie : Oui, ok. Merci.
소피 : 네. 감사합니다.

Quel est ton 06 ? (네 전화번호 좀 알려줄래?)

젊은층에서 또래들 사이에 사용하는 구어적 표현이다. 직역하면 '너의 06이 뭐야?'라는 뜻으로 휴대전화 번호를 묻는 표현이다. 프랑스의 휴대전화 번호는 06으로 시작하기 때문이다.

06 Quelle est votre profession ?

직업이 뭐예요?

같은 뜻 다른 표현

- Quel est votre métier ?
- Que faites-vous dans la vie ?
- Qu'est-ce que vous faites dans la vie ?

실전 회화

Minji : Quelle est votre profession ?
민지 : 직업이 뭐예요?

Pierre : Je suis journaliste, et vous ?
피에르 : 저는 기자예요. 당신은요?

Minji : Moi, je suis étudiante.
민지 : 저는 학생이예요.

Pierre: Etudiante en quoi ?
피에르: 무슨 과 전공이예요?

Minji: En architecture.
민지: 건축학이요.

학생이라고 다 같은 학생이 아니랍니다

étudiant(e)은 일반적으로 대학생을 뜻한다. 초등학생은 **écolier(-ière)**, 중학생은 **collégien(ne)**, 고등학생은 **lycéen(ne)**이라고 한다. 그러나 선생님의 입장에서 학생을 일컬을 때는 모두 **élève**라고 한다. 또한 급우나 동기들은 **camarade**라고 한다.

07
Il fait beau.

날씨가 좋아요.

같은 뜻 다른 표현

- Il fait du soleil.
- Il fait un temps superbe / magnifique.

실전 회화

Pierre : Il fait beau aujourd'hui.
피에르 : 오늘 날씨가 좋네요.

Minji : Il va faire 24 degrés au moins.
민지 : 오늘 적어도 24도까지 올라간대요.

Pierre : Et demain ?
피에르 : 내일은요?

Minji : Malheureusement, il pleut.
민지 : 안타깝게도 비가 올 거예요.

날씨와 관련된 표현

Il fait beau.	날씨가 좋다.	Il fait humide / sec.	습기가 많다/건조하다.
Il fait mauvais.	날씨가 나쁘다.	Il pleut.	비가 온다.
Il fait chaud.	덥다.	Il neige.	눈이 온다.
Il fait froid.	춥다.	Il y a du brouillard.	짙은 안개가 꼈다.
Il fait frais.	선선하다.	Il y a de la brume.	옅은 안개가 꼈다.
Il fait doux.	온화하다.	Il y a des éclairs.	번개가 친다.
Il fait bon.	쾌적하다.	Il y a de l'orage.	폭풍우가 몰아친다.
Il fait frisquet.	(구어) 쌀쌀하다.	Il y a du tonnerre.	천둥이 친다.
Il fait gris.	우중충하다.	Il y a du vent.	바람이 분다.
Il fait triste.	음산하다.	Il y a une tempête	돌풍이 분다.
Il fait lourd.	후텁지근하다.	Il y a des nuages.	구름이 꼈다.

08
Etes-vous disponible ?

시간 괜찮으세요?

같은 뜻 다른 표현

- Est-ce que vous êtes disponible ?
- Seriez-vous disponible ? '혹시'라는 의미가 추가

실전 회화

Pierre : Etes-vous disponible samedi soir ?
피에르 : 토요일 저녁에 시간 괜찮으세요?

Minsu : Oui, pourquoi ?
민수 : 네, 왜요?

Pierre : Mes parents veulent vous inviter à dîner.
피에르 : 저희 부모님께서 당신을 저녁식사에 초대하고 싶어하셔요.

Minsu : Ah bon ? Oui, si ça ne vous dérange pas.
민수 : 그래요? 방해되지 않는다면 좋아요.

Avez-vous l'heure ? 몇시에요?

얼핏 들으면 시간이 있느냐고 묻는 것 같지만 '몇 시예요?' 즉 «Quelle heure est-il?»과 같은 뜻이다.

09
Félicitations !

축하해요!

같은 뜻 다른 표현

- Bravo !
- Je vous félicite.

실전 회화

Sophie : Félicitations pour ton bac*.
소피 : 바깔로레아 합격을 축하해.

Minsu : Bravo! Quelle bonne nouvelle !
민수 : 잘 했어. 정말 좋은 소식이구나!

Paul : Merci. Ce n'était pas très dur.
폴 : 감사합니다. 그렇게 어렵지는 않았어요.

***바깔로레아(baccalauréat)란?**

프랑스의 대학입학자격시험으로 매년 6월에 일주일에 걸쳐 실시된다. 프랑스인들은 매년 문·이과 공통과목인 철학 시험에 무슨 문제가 출제되었는지 관심이 많은데 2014년 철학 시험에는 '우리는 행복하기 위해 사는가(Vivons-nous pour être heureux ?)' 등의 문제가 출제되었다.

10
J'en ai marre.

질렸어요.

같은 뜻 다른 표현

- J'en ai assez.
- J'en ai ras-le-bol.
- Je n'en peux plus.

실전 회화

Sylvie : Nathalie a annulé le rendez-vous.
실비 : 나탈리가 약속을 취소했어요.

Minsu : Encore ?
민수 : 또요?

Sylvie : Oui, toujours au dernier moment. J'en ai marre.
실비 : 네, 항상 막판에 이런다니까요. 질려버렸어요.

«De quoi? 무엇이?»

구체적으로 무엇이 지겨운지 언급하고 싶을 때는 뒤에 **de**를 붙이면 된다. 동사원형, 명사 모두 올 수 있다.

예문 J'en ai marre de faire la vaisselle. 나는 설거지를 하는데 싫증이 난다.
J'en ai marre des* nouilles. 나는 국수에 물렸다.
*de+le=du, de+les=des

11 Je suis enrhumé(e).

감기에 걸렸어요.

같은 뜻 다른 표현

- J'ai attrapé un rhume.
- J'ai attrapé froid.
- J'ai la grippe. / Je suis grippé(e). (계절성 독감에 걸린 경우)

실전 회화

Médecin : Alors, madame, qu'est-ce qui ne va pas ?
의사 : 어디가 불편하십니까?

Patiente : J'ai le nez qui coule. J'éternue beaucoup. Les yeux me grattent aussi. Je suis enrhumée ?
환자 : 콧물이 흐르고 재채기를 많이 해요. 그리고 눈도 가렵고요. 감기에 걸린 건가요?

Médecin : Voyons.... Vous avez une rhinite.
의사 : 어디 봅시다...... 비염에 걸리셨네요.

«avoir mal à + 관사 + 신체부위» (~가 아프다)

어디가 아프다고 말할 때는 이 표현을 사용하면 된다. 단, à+le=au , à+les=aux 도 축약되므로 잘 익혀서 말하자.

예문 J'ai mal au ventre / aux jambes. 나는 배 / 다리가 아프다.

머리	la tête	허벅지	les cuisses
이마	le front	무릎	le genou
눈	les yeux	종아리	le mollet, les mollets
코	le nez	발	le pied, les pieds
귀	les oreilles	발목	la cheville
입술	les lèvres	다리	les jambes
이	une dent, les dents	목	le cou
잇몸	les gencives	목구멍	la gorge
턱	le menton	어깨	les épaules
피부	la peau	등	le dos
팔꿈치	le coude	가슴	la poitrine
팔	le bras	유방	les seins
손목	le poignet	배	le ventre
손	la main	배꼽	le nombril
손가락	un doigt	엉덩이	les fesses

몸이 아픈 상대방에게 빨리 나으라는 위로의 말은 다음과 같이 할 수 있다.

Je vous souhaite un bon rétablissement / une bonne convalescence*.

J'espère que vous allez vous rétablir bientôt.

Rétablissez-vous vite.

Soignez-vous bien.

*상태가 아주 심각할 경우

12
Il est de mauvaise humeur.

그는 오늘 기분이 안 좋아요.

같은 뜻 다른 표현

- Il n'est pas de bonne humeur.
- Il ne va pas bien.

실전 회화

Julien : Qu'est-ce qu'il a ? Pourquoi est-il énervé ?
쥘리앵 : 그 사람에게 무슨 일 있어요? 왜 화가 나있죠?

Minji : Je ne sais pas. Il est comme ça depuis ce matin.
민지 : 몰라요. 아침부터 계속 그런 상태예요.

Juilien : Vraiment ?
쥘리앵 : 정말요?

Minji : Je pense qu'il est de mauvaise humeur.
민지 : 기분이 안 좋나봐요.

humeur와 humour

기분이 좋을 때는 mauvaise 자리에 bonne를 넣어 être de bonne humeur(f.)를 이용하면 된다. (다양한 감정표현은 1과 4번 표 참고)
스펠링은 비슷하지만 humour(m.)는 '유머'를 뜻한다.

예문 Il a un bon sens de l'humour. 그는 유머감각이 좋다.

13 Je suis fatigué(e).

피곤해요.

같은 뜻 다른 표현

- Je suis épuisé(e) / exténué(e).
- Je suis au bout du rouleau.

실전 회화

Sophie : Je travaille beaucoup en ce moment.
소피 : 저는 요즘 일을 많이 하고 있어요.

Minsu : Ça se voit. Vous avez des cernes.
민수 : 그렇게 보여요. 다크서클도 있으시고...

Sophie : Oui, je dors mal et je suis fatiguée.
소피 : 그러니까요. 잠도 잘 못 자니 피곤하네요.

Cernes 다크서클

위의 대화에서 본 것과 같이 다크서클을 cernes(m.)라고 하는데 다크서클이 유독 짙을 때는 '짙은'을 뜻하는 형용사 prononcé를 활용하면 된다.

예문 Mes cernes sont très prononcés. 나는 다크서클이 심하다.

14

N'oubliez pas de changer d'heure.

시간을 변경하는 걸 잊지 마세요.

같은 뜻 다른 표현

- N'oubliez pas d'avancer d'une heure. (썸머타임으로 1시간 당길 때)
- N'oubliez pas de reculer d'une heure. (윈터타임으로 1시간 늦출 때)
- Pensez à régler votre montre.

실전 회화

Minsu : N'oubliez pas de changer d'heure pour demain.
민수 : 내일 시간 변경하는 걸 잊지 마세요.

Julien : Oui, je dois travailler.
쥘리앵 : 그럼요. 일하러 가야죠.

Minsu : Mais c'est dimanche demain.
민수 : 내일은 일요일인데요?

Julien : Je suis boulanger.
쥘리앵 : 제가 베이커리를 운영하잖아요.

1시간을 더 잘 수 있는 윈터타임

썸머타임은 heure(f.) d'été, 윈터타임은 heure d'hiver라고 한다. 전자는 3월 마지막 주 일요일, 후자는 10월 마지막 주 일요일에 실시된다. 윈터타임으로 넘어가면 시계를 1시간 늦게 맞추기 때문에 밤이 1시간 더 길어져 잠을 더 잘 수 있다고 기뻐하는 사람들도 있다.

The Coffee

Jour 2

교통 및 통신

01_ Comment faire pour louer un Vélilb' ? 벨리브를 어떻게 빌리나요?
02_ Jusqu'à quelle heure circule le métro ? 지하철이 몇 시까지 운행되나요?
03_ Je voudrais réserver un aller-retour pour Bordeaux. 보르도행 왕복 티켓을 예매하려고 합니다.
04_ Je voudrais avoir un siège (du) côté hublot. 창가 쪽 좌석으로 주세요.
05_ C'est embouteillé. 차가 막히네요.
06_ Faisons demi-tour. 되돌아갑시다.
07_ Je voudrais m'abonner à internet. 인터넷에 가입하려고 합니다.
08_ Où est la correspondance pour (aller à) Montparnasse ? 몽파르나스에 가려면 어디서 환승하나요?
09_ Je voudrais louer une voiture. 차를 렌트하려고 합니다.
10_ Attachez votre ceinture (de sécurité). 안전벨트를 매세요.
11_ Ça prend combien de temps ? 시간이 얼마나 걸려요?
12_ Est-ce que vous avez reçu mon message ? 제가 보낸 문자 보셨어요?
13_ Est-ce que vous êtes sur Facebook ? 페이스북 하세요?
14_ Pouvez-vous me recommander des applications ? 어플리케이션을 추천해주세요?

01 Comment faire pour louer un Vélilb'* ?

벨리브*를 어떻게 빌리나요?

* vélos en libre-service를 줄인 단어로 2007년 도입된 '파리의 공공 자전거 대여 시스템'을 일컫는다. 벨리브의 성공적인 운영에 힘입어 2011년에는 무인 전기자동차 대여 시스템인 Autolib '오토리브'가 도입되었다. 일반 자전거는 vélo(m.)라고 한다.

같은 뜻 다른 표현

- Comment louer un Vélib' ?
- Comment puis-je louer un Vélib' ?
- Je fais comment pour louer un Vélib' ?
- Qu'est-ce que je dois faire pour louer un Vélib' ?
- Que faut-il faire pour louer un Vélib ?

실전 회화

Minji : Comment faire pour louer un vélib' ?
민지 : 벨리브를 어떻게 빌리나요 ?

Julien : Vous pouvez louer directement ici à la station Vélib'. Achetez un billet et saisissez le numéro écrit sur le ticket.
쥘리앵 : 이 벨리브 정거장에서 지금 바로 빌릴 수 있어요. 티켓을 사신 후 티켓에 적힌 번호를 입력하세요.

Tour de France 뚜르 드 프랑스

• 지옥의 레이스

매년 7월 약 3주동안 프랑스와 인접 국가에 걸친 총 3,000km 이상의 코스를 일주하는 세계 최고 권위의 사이클 대회이다. 코스에는 피레네와 알프스 산맥도 포함되어 있어 풍광은 더없이 아름다우나 체력적으로는 '지옥의 레이스'라고 불릴 정도로 힘들다. 출발 지점은 매년 다르나 종점은 샹젤리제로 동일하다. 코스는 총 21개 구간으로 나누어져있고 하루에 한 구간을 달리는데 종합 선두자는 옐로우 저지, 각 구간별 최고 득점자는 그린 저지, 산악코스 우승자는 레드 도트 저지, 올해의 신인은 화이트 저지를 입게 된다. 구간별 종합 기록시간이 가장 짧은 선수가 최종 우승자가 되는데 피니시 일정에 맞추어 샹젤리제에 입성하는 선수들과 시상식 현장을 관람하는 것도 좋은 추억이 될 것이다. 2013년 제 100회 투르 드 프랑스의 종합 우승자는 영국 출신인 크리스토퍼 프룸이다.

• 추락한 사이클 황제 암스트롱

랜스 암스트롱은 1990년~2005년에 걸쳐 투르 드 프랑스 역사상 전례없는 7회 연속 종합 우승자였으나 2012년 도핑 사실이 탄로나면서 모든 수상실적을 박탈당했다.

02
Jusqu'à quelle heure circule le métro ?

지하철이 몇 시까지 운행되나요?

같은 뜻 다른 표현

- Jusqu'à quelle heure y-a-t-il le métro ?
- Jusqu'à quelle heure le métro est disponible ?
- A quelle heure est le dernier métro ?

실전 회화

Sophie : Oh, je n'ai pas vu le temps passer. Il faut qu'on rentre maintenant.

소피 : 어머, 시간 가는 줄 모르고 있었어요. 우리 이제 집에 들어가야 해요.

Minsu : Jusqu'à quelle heure circule le métro ?

민수 : 지하철이 몇 시까지 운행되죠?

Sophie : Jusqu'à 1h20 en semaine.

소피 : 주중엔 1시 20분까지예요.

지하철 노선도가 필요하다면 이렇게 말하자.
«Je voudrais un plan de métro.»

파리 메트로

110년 이상의 역사를 지닌 파리 메트로는 14개 노선, 303개 역을 운행하고, 총 길이는 205km, 연간 승객 수는 약 15억 명에 이른다. 역 사이 간격은 500m로 세계에서 가장 좁다. 파리 뿐만 아니라 리옹(Lyon), 마르세이유(Marseille), 릴(Lille), 뚤루즈(Toulouse), 렌느(Rennes)에도 지하철이 있다.

여담이지만 파리교통공사 RATP(Régie autonome des transports parisiens)와 프랑스 국영철도 SNCF(Société nationale des chemins de fer français)는 파업을 자주해서 Rentre Avec Tes Pieds(걸어서 집에 가라) , Sans Nous, C'est Foutu(우리 없이는 끝장)의 줄임말이라는 비난도 생겼다.

03 Je voudrais réserver un aller-retour* pour Bordeaux.

*편도는 aller-simple(m.)

보르도행 왕복 티켓을 예매하려고 합니다.

같은 뜻 다른 표현

- Je voudrais réserver un billet (de train) aller-retour pour Bordeaux.
- Est-ce qu'il y a un aller-retour pour Bordeaux ?
- Un aller-retour pour Bordeaux, s'il vous plaît.

실전 회화

(A la gare 기차역에서)

Passager : Je voudrais réserver un aller-retour pour Bordeaux.
승객 : 보르도행 왕복 티켓을 예매하려고 합니다.

Guichetier : En première ou en seconde (classe) ?
창구직원 : 일등석으로 드릴까요, 일반석으로 드릴까요?

Passager : En seconde, s'il vous plaît.
승객 : 일반석으로 주세요.

이 표현은 열차를 비롯한 모든 교통수단에 응용할 수 있다.

TGV 떼제베

TGV는 Train à grande vitesse 즉 '고속열차'라는 뜻이다. 파리에서 마르세이유까지 차를 타고 가면 7시간 30분 정도 걸리는데 TGV를 타면 3시간 밖에 걸리지 않는다. 승차권 예매는 3개월 전부터만 가능한데 일찍 표를 예매할수록 요금이 저렴하니 TGV로 여행할 계획이라면 이 점을 고려하자.

04 Je voudrais avoir un siège (du) côté hublot*.

창가 쪽 좌석으로 주세요.

*비행기, 우주선, 배, 심지어 드럼세탁기의 투명창도 지칭. 열차 등의 일반 창은 fenêtre(f.)라고 한다.

같은 뜻 다른 표현

- Donnez-moi un siège côté hublot, s'il vous plaît.

siège (du) coté couloir 복도 쪽 좌석   siège du milieu 중간 좌석

실전 회화

(A l'aéroport 공항에서)

Passagère : Je voudrais avoir un siège côté hublot.
승객 : 창가 쪽 좌석으로 주세요.

Agent de comptoir : Malheureusment, il n'y a plus de siège disponible côté hublot.
카운터 직원 : 죄송하지만 가능한 창가 쪽 좌석이 다 나가고 없습니다.

Passagère : Je prends le côté couloir alors.
승객 : 그럼 복도 쪽 좌석으로 주세요.

Agent de comptoir : Voici votre carte d'embarquement. Veuillez vous présenter à la porte C à 17h.
카운터 직원 : 여기 탑승권 받으십시오. 17시까지 C번 게이트로 가시면 됩니다.

vol 비행

vol(m.)의 동사형은 voler이다. '날다'는 뜻이 있다. 직행노선은 vol direct, 환승/경유 노선은 vol avec escale이라고 하고 «J'ai une escale à Tokyo.»라고 하면 '도쿄에서 환승한다'는 뜻이 된다. 참, 저가 항공편은 vol low-cost라고 한다.

05
C'est embouteillé.

차가 막히네요.

같은 뜻 다른 표현

- C'est bouché.
- Il y a des bouchons / embouteillages.

실전 회화

(Dans un taxi 택시에서)

Chauffeur de taxi : Où allez-vous ?
택시기사 : 어디에 가십니까?

Passagère : A Radio France. En combien de temps ?
승객 : 라디오 프랑스요. 얼마나 걸리나요?

Chauffeur de taxi : 30 minutes environ. C'est très embouteillé.
택시기사 : 30분 정도 걸립니다. 차가 많이 막히네요.

Passagère : D'accord. Dans ce cas, emmenez-moi à la station de métro la plus proche d'ici, s'il vous plaît ?
승객 : 그럼 여기서 가장 가까운 지하철 역에 세워 주시겠어요?

갑자기 'sardine 정어리' 라니?

차량이 만원일 때는 '만원인'을 뜻하는 형용사 **bondé**를 사용해 «**Le train est bondé.** 열차가 만원이다.»와 같이 말하면 된다. 재미있는 것은 만원 차량을 두고 우리나라에서는 '콩나물시루' 같다고 하는데 프랑스에서는 '**boîte de sardines** 정어리 통조림'에 비유한다.

예문 **Ce train est une boîte de sardines.** 이 열차는 콩나물 시루같다.

06
Faisons demi-tour.

되돌아갑시다.

같은 뜻 다른 표현

- Rebroussons chemin.
- Revenons.
- Revenons sur nos pas. (걸을 때만)

실전 회화

Sylvie : On s'est trompés de sortie de métro.
실비 : 우리가 지하철 출구를 착각했어요.

Julien : Ah, oui. Le musée est de l'autre côté.
쥘리앵 : 아, 그렇네요. 박물관은 반대쪽에 있네요.

Sylvie : Faisons demi-tour alors.
실비 : 그럼 왔던 길로 되돌아갑시다.

이 표현은 도보는 물론 운전 중 U턴을 할 때도 쓴다.

막간을 이용한 잠깐 퀴즈

'이것'은 프랑스 도로에 3만여 개가 존재하고 매년 500개씩 생겨나고 있다. 운전속도를 늦춤으로써 교통사고 발생건수를 줄이기 위해 설치되는 '이것'은 무엇일까? 정답은 바로 'rond-point(m.) 회전식 교차로', 일명 '로터리'이다. 참고로 우리나라에도 진출했던 대형할인마트 'carrefour(m.) 까르푸'는 '교차로'라는 뜻이다.

07 Je voudrais m'abonner à internet.

인터넷에 가입하려고 합니다.

같은 뜻 다른 표현

- Je voudrais un abonnement à internet.

실전 회화

(Au téléphone 전화로 통화하며)

Employé : Freenet, bonjour.
직원 : 네, 프리넷입니다.

Cliente : Bonjour, je voudrais m'abonner à internet.
고객 : 안녕하세요, 인터넷에 가입하려고 합니다.

Employé : Bien sûr, monsieur. Nous faisons des réductions actuellement.
직원 : 네, 그러시군요. 저희가 요즘 할인 상품들을 선보이고 있습니다.

Wi-Fi 와이파이

'와이파이'는 Wi-Fi [wifi]라고 한다. le Wi-Fi, la Wi-Fi 모두 가능한데 그 이유는 le réseau Wi-Fi, la connexion Wi-Fi 이렇게 남성명사와 결합되느냐 여성명사와 결합되느냐에 따라 성이 결정되기 때문이다.
와이파이에 접속하는 방법을 프랑스어로 알아볼까?

1. Capter le Wi-Fi 와이파이를 잡는다.
2. Saisir le mot de passe 비밀번호를 입력한다.

08 Où est la correspondance* pour (aller à) Montparnasse ?

몽파르나스에 가려면 어디서 환승하나요?

*지하철·기차 환승역 및 일반·고속버스 환승정류장에 모두 사용할 수 있는 단어

같은 뜻 다른 표현

- Quelle est la correspondance pour aller à Montparnasse ?

실전 회화

Minji : Excusez-moi, monsieur. Où est la correspondance pour aller à Montparnasse ?

민지 : 실례합니다. 몽파르나스에 가려면 어디에서 환승하나요?

Passant : Vous changez à Ecole militaire. Descendez dans trois arrêts.

행인 : 에꼴 밀리떼르에서요. 세 정거장 후에 내리세요.

Minji : Merci beaucoup.

민지 : 감사합니다.

버스의 매력

날씨가 좋은 날에는 버스를 이용할 것을 강력 추천한다. 특히 세느 강변을 따라 운행되는 버스를 타면 그 유명한 'Pont Neuf 퐁네프'를 비롯한 세느 강의 다리들은 물론 유명 관광지들도 덤으로 구경할 수 있다.

09 Je voudrais louer une voiture.

차를 렌트하려고 합니다.

같은 뜻 다른 표현

- C'est pour louer une voiture.

실전 회화

Client : Je voudrais louer une voiture.
고객 : 차를 렌트하려고 합니다.

Employée : Avez-vous un permis international ?
직원 : 국제운전면허증 있으세요?

Client : Oui, le voici. Quel est le prix par jour ?
고객 : 네, 여기 있습니다. 1일 사용료는 어떻게 되죠?

필수 체크 사항, 보험과 GPS

L'assurance est comprise ? 보험료가 포함되어 있나요?
Est-ce que la voiture a un GPS ? 자동차에 GPS가 있나요?
Ou c'est une option ? 아니면 선택사항인가요?

10
Attachez votre ceinture (de sécurité).

안전벨트를 매세요.

같은 뜻 다른 표현

- Mettez votre ceinture.
- Il faut attacher votre ceinture.
- Veuillez attacher votre ceinture. 공손함을 강조

실전 회화

Sophie : Minsu, attachez votre ceinture à l'arrière, s'il vous plaît.
소피 : 민수씨, 뒷좌석 안전벨트를 매주세요.

Minsu : Ah ? Mais pourquoi ?
민수 : 왜죠 ?

Sophie : C'est obligatoire.
소피 : 의무사항이에요.

Minsu : Je ne savais pas.
민수 : 몰랐어요.

Se serrer la ceinture 허리띠를 졸라매다

안전벨트를 풀 때는 détacher 동사를 사용하면 된다. '허리띠'도 ceinture(f.)라고 하는데 '허리띠를 졸라매다'라는 표현이 프랑스어에도 문자 그대로 존재한다.

예문 Je dois me serrer la ceinture pour payer mon loyer.
집세를 내려면 허리띠를 졸라매야 해요.

11

Ça prend combien de temps ?

시간이 얼마나 걸려요?

같은 뜻 다른 표현

- **Quelle est la durée de traversée?** 바다, 강, 사막 등을 횡단·통과할 때

실전 회화

Employée : Le bateau pour la Corse arrive dans 10 minutes.
직원 : 코르시카행 배가 10분후에 도착합니다.

Passager : Ça prend combien de temps ?
승객 : 시간이 얼마나 걸리나요?

Employée : Cinq heures environ.
직원 : 약 5시간 정도 걸려요.

지중해의 제주도, 코르시카

지중해에 위치한 코르시카는 우리나라의 제주도와 같은 곳으로 황제 나폴레옹의 태생지이자 천혜의 자연 경관을 자랑하는 세계 문화유산이다. 프랑스인들이 가장 휴가를 보내고 싶어하는 곳 중 하나인 이 섬은 죽기 전에 꼭 가야할 세계 휴양지로도 꼽힌다. 항공편으로도 갈 수 있지만 배를 타고 떠나는 여행은 평생 잊지 못할 추억이 될 것이다.

참. 뱃멀미를 하는 사람은 'pilule(f.) contre le mal de mer 멀미약'을 챙기는 것을 잊지 말자. '아프다' 및 '약'과 관련된 표현은 1과 11번과 6과의 6번을 참고하자.

12 Est-ce que vous avez reçu mon message* ?

제가 보낸 문자 보셨어요?

*구어인 texto도 동의어로 많이 사용

같은 뜻 다른 표현

- Vous avez reçu / vu mon message ou pas ?

실전 회화

Minsu : Allô! Vous êtes occupée ?
민수 : 여보세요? 바쁘세요?

Sylvie : Non. Pourquoi ?
실비 : 아뇨. 무슨 일이죠?

Minsu : Est-ce que vous avez reçu mon message ?
민수 : 제가 보낸 문자 보셨어요?

Sylvie : Non, mon téléphone était éteint. Je n'avais plus de batterie.
실비 : 아뇨. 전화기가 꺼져있었어요. 배터리가 없었거든요.

Minsu : Vous exagérez. J'étais inquiet.
민수 : 너무하세요. 걱정했었잖아요.

«Laissez-moi un message après le bip sonore. 삐-소리 후 메시지를 남겨주세요.»

프랑스인들은 상대방이 전화를 받지 않으면 음성메세지를 남기는 데 익숙하다. 자동 응답기로 넘어가면 당황하지 말고 «Bonjour, c'est 본인이름.»으로 시작한 후 차분히 용건을 밝히도록 하자.

13

Est-ce que vous êtes sur Facebook ?

페이스북 하세요?

같은 뜻 다른 표현

- Avez-vous un compte Facebook ?
- Facebookez-vous ? 신조어 'facebooker 페이스북하다'를 이용한 유머러스한 표현.

실전 회화

Paul : Est-ce que vous êtes sur Facebook ?
폴 : 페이스북 하세요?

Minsu : Oui. Vous pouvez m'ajouter.
민수 : 네. 저를 친구 추가 하세요.

Paul : Ok. Je le ferai.
폴 : 네, 그럴게요.

Twittez-vous ? 트위터를 하시나요?

'트위터를 하다'는 뜻의 영어 동사 'tweet'이 2012년 개정판 로베르 프랑스어 사전에 등장할 정도로 twitter/tweeter 동사는 일상용어가 되었다.

14 Pouvez-vous me recommander des applications* ?

어플리케이션을 추천해주세요?

*우리나라에서 '어플'이라고 하듯 appli로 축약해 쓰기도 함.

같은 뜻 다른 표현

- Avez-vous des applis à me recommander / conseiller ?

실전 회화

Minji : C'est mon nouveau téléphone.
민지 : 이게 바로 제 새 휴대전화예요.

Pierre : Enfin, un smartphone !
피에르 : 드디어 스마트폰을 장만하셨군요 !

Minji : Oui, finalement. Pouvez-vous me recommander des applications sympas, s'il vous plaît ?
민지 : 네, 결국이요. 저한테 추천하고 싶은 괜찮은 어플이 있나요?

다운로드를 뭐라고 할까?

흔히들 '어플을 다운받는다, 다운로드한다'고 하는데 프랑스어로는 **télécharger**라고 한다. 영어와 전혀 다르게 생겼지만 쓸모가 많은 단어이니 기억해두면 편할 것이다. **télécharger** un film / un MP3 / un fichier(파일) 등과 같이 활용할 수 있다.

Après vous 당신 먼저

프랑스어 표현에 Après vous(당신 먼저)라는 표현이 있다. 줄을 설 때나 엘리베이터에 탈 때나 자주 듣는 얘기다. '당신이 먼저 탄 후에 내가 타겠다.'는 뜻이다. 상대방을 먼저 배려하는 서양인들의 생활양식이 그대로 반영된 문구이다.

우리의 일상생활 자세는 '나부터', '빨리빨리'로 압축된다. 외국인이 한국에 와서 제일 먼저 배우는 말이 '빨리빨리' 아닌가? 이제부터라도 여유를 갖고 상대방을 먼저 배려하는 아량을 갖도록 노력해야 할 것이다.

자 지금부터 실천에 옮기자. 엘리베이터에 외국인 여성과 같이 타고 있다면 내릴 때 "Après vous"하며 외국인이 먼저 내리도록 배려하자. 물론 상대방 외국인이 남성이라면 "Après vous"하며 당신이 먼저 내리도록 배려할 것이다.

The Coffee

Jour 3
관광과 쇼핑

01_ Où se trouve le marché ? 시장이 어디예요?
02_ Je suis décalé(e). 시차적응이 안 됐어요.
03_ Où puis-je acheter des timbres ? 어디서 우표를 살 수 있나요?
04_ On se fait un musée ? 박물관에 갈래요?
05_ Je voudrais réserver une chambre double. 더블룸 하나를 예약하고 싶습니다.
06_ Je fais une marche digestive. 소화시킬 겸 걸어야겠어요.
07_ Je cherche un cadeau pour un ami. 친구한테 줄 선물을 찾고 있어요.
08_ Où est le rayon des vêtements pour homme ? 남성복 코너가 어디에 있죠?
09_ Je vous prends en photo ? 사진 찍어드릴까요?
10_ Avez-vous la taille au-dessus ? 한 치수 더 큰 옷이 있나요?
11_ Pouvez-vous faire un paquet-cadeau, s'il vous plaît ? 선물포장 좀 해주시겠어요?
12_ Ça me va ? 저한테 어울려요?
13_ C'est soldé. 세일 상품이예요.
14_ Pouvez-vous me désépaissir les cheveux ? 머리숱 좀 쳐주시겠어요?
15_ Gardez bien le ticket de caisse. 영수증을 잘 보관하세요.

01
Où se trouve le marché ?

시장이 어디예요?

같은 뜻 다른 표현

- Où est le marché ?
- Le marché, c'est où ?
- Pouvez-vous m'indiquer où se trouve le marché ?
- Pouvez-vous me montrer le chemin pour aller au marché ?
- Pour aller au marché, s'il vous plaît ?

실전 회화

Minji : Pardon, monsieur. Où se trouve le marché, s'il vous plaît ?
민지 : 실례합니다. 시장이 어디에 있나요?

Passante : C'est facile. Allez tout droit, puis prenez la deuxième (rue) à gauche.
행인 : 쉬워요. 쭉 가신 다음에 왼쪽 두 번째 길로 가세요.

Minji : Merci.
민지 : 감사합니다.

Marché aux puces 벼룩시장

문자 그대로 marché(m.)는 '시장' puce(f.)는 '벼룩'을 뜻한다. 농수산물 시장도 볼거리지만 벼룩시장에서 골동품들을 구경하는 재미도 쏠쏠하다. 꽤 근사한 물건을 저렴하게 구입하는 행운을 얻을지도 모르니 눈을 크게 뜨고 아이템 사냥에 나서보자. 물론 구경만으로도 눈이 즐거울 것이다. 'Saint-Ouen 생투앙', 'Clignancourt 클리냥쿠르', 'Montreuil 몽트뢰이', 'Vanves 방브'의 벼룩시장이 유명하다.

02

Je suis décalé(e).

시차적응이 안 됐어요.

같은 뜻 다른 표현

- Je ne suis pas habitué(e) au changement d'heure.

실전 회화

Sylvie : Quand êtes-vous arrivé en France ?
실비 : 언제 프랑스에 도착하셨어요?

Minsu : Je suis arrivé avant-hier.
민수 : 그저께 도착했어요.

Sylvie : Vous êtes en forme ?
실비 : 컨디션은 괜찮으세요?

Minsu : Je suis un peu décalé. Mais ça va aller.
민수 : 시차 적응이 좀 안 됐어요. 하지만 괜찮아질 거예요.

Décalage horaire 시차

décaler는 (시간을) 바꾸다, (장소를) 변경하다, 어긋나게 하다'는 뜻이 있다. 해외여행으로 인한 시차 외에도 새벽 3시까지 시험공부를 하고 아침 7시에 일어나는 등 신체 리듬이 깨졌을 때도 «Je suis décalé(e).»라고 할 수 있다.

03 Où puis-je acheter des timbres ?

어디서 우표를 살 수 있나요?

같은 뜻 다른 표현

- Où puis-je trouver des timbres ?
- Savez-vous où je peux acheter des timbres ?
- Pour acheter des timbres, où dois-je aller ?

실전 회화

Minsu : Où puis-je acheter des timbres ?
민수 : 어디서 우표를 살 수 있나요?

Sophie : Au tabac ou à la poste. Pourquoi ?
소피 : 따바(담배, 우표 등을 판매하는 까페)나 우체국에서요. 왜요?

Minsu : Je voudrais envoyer des cartes postales pour ma famille en Corée.
민수 : 한국에 있는 제 가족에게 엽서를 보내려고요.

Sophie : Vous pouvez leur écrire des emails ou faire skype.
소피 : 이메일을 쓰거나 스카이프를 하셔도 되잖아요.

Minsu : Oui, mais j'aimerais leur envoyer de vraies cartes avec de beaux timbres. Ça fait toujours plaisir.
민수 : 그렇죠. 하지만 저는 예쁜 우표가 있는 진짜 엽서를 보내고 싶어요. 이런 건 늘 상대를 기쁘게 해주잖아요.

Sophie : Vous avez raison.
소피 : 당신 말이 맞아요.

프랑스 새 우표 모델, 인나 셰브첸코

2013년 7월 14일 프랑스 혁명기념일을 맞아 새로운 '마리안느(Marianne)'의 모습이 담긴 우표가 공개되었다. '마리안느'는 들라크루아의 걸작 '민중을 이끄는 자유의 여신'에서 1789년 프랑스혁명 당시 자유, 박애, 평등을 외치며 민중을 이끌던 여신으로 프랑스를 상징하는 여성상이다. 지금까지 프랑스 여배우 브리지트 바르도, 카트린 드뇌브 등이 모델이 된 바 있다. 그런데 이번에는 프랑스인이 아닌 우크라이나인, 게다가 과격 나체시위로 유명한 급진여권단체 '페멘(FEMEN)'의 창립멤버인 인나 셰브첸코가 모델이 되어 논란이 일었다. 일부 보수파는 우표불매운동도 벌였다. 실제로 우표를 도안한 디자이너는 여러 여성의 이미지를 혼합하긴 했지만 특히 인나 셰브첸코로부터 영감을 받았다고 밝힌 바 있다.

04
On se fait un musée ?

박물관에 갈래요?

같은 뜻 다른 표현

- On visite un musée ?
- On va dans un musée ?
- On fait un tour au musée ?

실전 회화

Pierre : On va à la Tour Eiffel ?
피에르 : 우리 에펠탑에 갈래요?

Sophie : Mais vous avez vu le temps qu'il fait ? Il pleut.
소피 : 지금 날씨가 어떤지 보고 하는 얘기예요 ? 비가 오고 있어요.

Pierre : Alors, on se fait un musée ?
피에르 : 그럼 박물관에 가볼까요?

유럽문화유산의 날

프랑스는 1984년 매년 9월 셋째주 주말을 '문화유산의 날'로 지정했다. 이 날은 평소에는 방문하기 힘든 엘리제궁, 총리공관, 상·하원의사당, 파리시청을 비롯해 프랑스 전역의 주요 공공시설 및 박물관, 미술관 등이 무료로 개방된다. 유럽연합은 이를 벤치마킹하여 '유럽 문화유산의 날'을 제정해 유럽 전역으로 확대 실시하고 있다. 루브르 박물관은 이와는 별도로 10월부터 3월까지 매월 첫째 주 일요일에도 무료로 개방된다.

05
Je voudrais réserver une chambre double.

더블룸 하나를 예약하고 싶습니다.

같은 뜻 다른 표현

- Je voudrais une chambre avec un lit double.
- Je voudrais / cherche une chambre double.
- Puis-je avoir une chambre double ?

실전 회화

Cliente : Bonjour, je voudrais réserver une chambre double du 5 août au 12 août.
손님 : 안녕하세요, 8월 5일부터 12일까지 더블룸 하나를 예약하고 싶습니다.

Réceptionniste : Une minutes, s'il vous plaît.... Oui, nous avons une chambre disponible.
리셉셔니스트 : 잠시만요... 네, 가능한 방이 있습니다.

Cliente : Quel est le prix pour une nuit ?
손님 : 1박에 숙박료가 얼마인가요?

Réceptionniste : 100 euros, madame.
리셉셔니스트 : 100유로입니다.

숙소 예약과 관련된 표현

호텔	hôtel(m.) 단, hôtel de ville은 시청
게스트하우스	guesthouse(f.)
유스호스텔	auberge(f.) de jeunesse
싱글룸	chambre(f.) simple
트윈룸	chambre twin
더블룸	chambre double 참고 트윈룸은 싱글 침대가 2개(2 lits jumaux), 더블룸은 더블사이즈 침대(1 lit double)가 1개 있는 방이다.
3인실	chambre triple
4인실	chambre quadruple
패밀리룸	chambre familiale
스위트룸	suite(f.)
공동침실	dortoir(m.)
이층 침대	lit(m.) superposé

06

Je fais une marche digestive.

소화시킬 겸 걸어야겠어요.

같은 뜻 다른 표현

- J'ai besoin de marcher pour digérer / pour ma digestion.

실전 회화

Julien : Rentrons en métro.
쥘리앵 : 지하철을 타고 들어갑시다.

Sylvie : Non, après ce qu'on a mangé, je préfère marcher.
실비 : 아뇨, 먹은 것도 있으니 전 걸어가는게 더 좋아요.

Julien : Moi, je suis fatigué.
쥘리앵 : 난 피곤해요.

Sylvie : Comme vous voulez. Mais moi, je fais ma marche digestive.
실비 : 원하신다면 그러셔요. 저는 소화시킬 겸 걷겠어요.

소화와 관련하여

'소화'는 digestion(f.)이고 형용사형은 digestif(-ive), 동사 '소화하다'는 digérer 이다. 소화와 관련해서 많이 하는 말들을 불어로 살펴보자.

예문 소화가 아직 안 됐어요. «Ma digestion n'est pas finie.»
이것은 소화가 잘 되게 해줘요. «Ça fait digérer.»
저는 소화를 빨리하는 편이예요. «Je digère vite.»
저는 소화가 잘 안 돼요. «Je digère mal.»

07

Je cherche un cadeau pour un ami.

친구한테 줄 선물을 찾고 있어요.

같은 뜻 다른 표현

- Je cherche un cadeau / quelque chose à offrir à un ami.

실전 회화

Vendeur : En quoi puis-je vous aider ?
점원 : 무엇을 도와드릴까요?

Cliente : Je cherche un cadeau pour un ami.
손님 : 친구한테 줄 선물을 찾고 있어요.

Vendeur : Quel est son âge ?
점원 : 나이가 어떻게 되시죠?

Cliente : Il a 25 ans.
손님 : 25살이요.

Vendeur : Je vous conseille ce magnifique article.
점원 : 그렇다면 이 멋진 제품을 추천해드립니다.

Gâter, 선물을 많이 주면 망친다?

'선물을 주다'는 faire / offrir un cadeau라고 한다. 상대에게 선물을 건네줄 때는 «C'est pour vous. 당신을 위한 거예요.», 받은 선물이 마음에 들때는 «Ça me plaît.»라고 말하면 된다. 여기서 더 나아가 받은 선물이 많거나 너무 마음에 들어 어쩔 줄을 모르겠다면 «Je suis trop gâté(e).»라고 말할 수 있다. gâter는 '(관심이나 선물을) 많이 베풀다'는 뜻이 있다. 재미있게도 gâter의 첫 번째 뜻이 '망치다'이다. 예를 들어 enfant gâté는 영어의 spoiled child, 즉 '망친 아이'를 의미한다. 너무 오냐오냐하며 지나치게 베풀어주면 아이를 망치게 되기 때문일까?

08 Où est le rayon des vêtements pour homme ?

남성복 코너가 어디에 있죠?

같은 뜻 다른 표현

- Où sont / se trouvent les vêtements pour homme ?

실전 회화

Client : Où est le rayon des vêtements pour homme ?
손님 : 남성복 코너가 어디에 있나요?

Vendeuse : C'est par là-bas.
점원 : 저쪽에 있습니다.

Client : Est-ce que je peux essayer ?
손님 : 입어볼 수 있나요?

Vendeuse : Bien sûr. La cabine d'essayage est juste à côté.
점원 : 물론이죠. 탈의실은 바로 옆에 있습니다.

C'est les soldes! 세일기간이에요

프랑스 사이즈는 한국 사이즈와 다르므로 옷이나 신발을 고를 때 자신의 신체 사이즈에 맞게 잘 골라야 하는데 다행히 고급부티크를 제외한 대부분의 매장에서 자유롭게 옷을 입어볼 수 있다.
일년에 두 번 있는 'soldes(m.pl.) 세일' 기간(해마다 날짜가 조금씩 다르나 2014년 기준 1월 둘째주 수요일, 6월 마지막주 수요일부터 각각 5주간)에 프랑스를 여행하면 마음에 드는 제품을 30~70% 할인된 가격에 구입하는 횡재를 누릴 수 있다.
☞3과 13번으로 이동해 세일과 관련된 표현들을 알아보자.

09
Je vous prends en photo ?

사진 찍어드릴까요?

같은 뜻 다른 표현

- Vous voulez que je vous prenne en photo ?
- Voulez-vous une photo ?

실전 회화

Minji : Ouah. Cet endroit est vraiment magnifique.
민지 : 와, 이곳은 정말 아름답네요.

Pierre : Je vous prends en photo ?
피에르 : 사진 찍어 드릴까요?

Minji : Oui. Devant le château, s'il vous plaît. Merci.
민지 : 네. 성 앞에서 찍어주세요. 감사합니다.

반대로 «Pouvez-vous me prendre en photo / Prenez-moi en photo, s'il vous plaît?»라고 하면 '제 사진 좀 찍어주시겠어요?'가 된다.

Selfie 셀피

'셀카를 찍는다'는 프랑스어로 어떻게 표현할까? 자가촬영사진(self-portrait photograph)을 뜻하는 영어 신조어 selfie를 그대로 사용해 prendre un (des) selfie(s)라고 하면 된다. selfie는 옥스포드 사전에 의해 2013년 올해의 단어로 선정되기도 하였다.

10
Avez-vous la taille au-dessus ?

한 치수 더 큰 옷이 있나요?

같은 뜻 다른 표현

- Donnez-moi la taille au-dessus, s'il vous plaît.
- Avez-vous le même (la même, les mêmes*) en plus grand ?

*les mêmes는 복수형태이므로 신발, 안경 등 쌍을 이루는 물건에 해당

≠ Avez-vous la taille en-dessous ? 한 치수 더 작은 옷이 있나요?

실전 회화

Cliente : Ce pantalon est un peu petit pour moi. Avez-vous la taille au-dessus ?

손님 : 이 바지가 저한텐 좀 작네요. 한 치수 더 큰 것이 있나요 ?

Vendeuse : Attendez. Je vais verifier. (…) Je suis désolée mais c'est le dernier. Mais vous pouvez le trouver en ligne.

점원 : 잠시만요. 확인해볼께요. (...) 죄송하지만 그게 마지막이네요. 대신 온라인에서 구할 수 있으십니다.

Cliente : Ah, merci pour cette information.

손님 : 그렇군요. 정보 감사합니다.

옷과 관련된 표현

가디건	cardigan(m.)	나비넥타이	nœud de papillon(m.)
겉옷	blouse(f.)	치마	jupe(f.)
비옷	imperméable(m.)	원피스	robe(f.)
망토	cape(f)	바지	pantalon(m.)
외투	manteau(m.)	반바지	short(m.)
잠바	blouson(m.)	모자	chapeau(m.)
자켓	veste(m.)	챙모자	casquette(f.)
파카	anorak(m.)	허리띠	ceinture(f.)
패딩점퍼	doudoune(f.)	속옷, 내의	sous-vêtement(m.)
폴로셔츠	polo(m.)	브래지어	soutien-gorge(m.)
스웨터	pull(m.)	팬티	slip(m.), culotte(f.)
티셔츠	t-shirt(m.)	스타킹	collant(m.)
(여성용) 와이셔츠	chemisier(m.)	양말	chaussettes(f.)
(남성용) 와이셔츠	chemise(f.)	파자마	pyjama(m.)
조끼	gilet(m.)	목욕가운	peignoir (m.)
스카프	foulard(m.)	수영복	maillot de bain(m.)
목도리	écharpe(f.)	앞치마	tablier(m.)
넥타이	cravate(f.)	장갑	gants(m.)

11
Pouvez-vous faire un paquet-cadeau s'il vous plaît ?

선물포장 좀 해주시겠어요?

같은 뜻 다른 표현

- C'est possible d'avoir un paquet-cadeau ?
- Pouvez-vous l'emballer, s'il vous plaît ?

실전 회화

(Dans un magasin de vêtement 옷가게에서)

Caissier : Ça fait 60 euros.
계산원 : 60유로입니다.

Cliente : Très bien. **Et pouvez-vous faire un paquet-cadeau, s'il vous plaît ?**
손님 : 네. 그리고 선물포장 좀 해주시겠어요?

Caissier : Bien sûr. Un instant.
계산원 : 물론이죠. 잠시만요.

Cliente : Oh, ce papier est magnifique.
손님 : 와, 포장지가 참 예뻐요.

12
Ça me va ?

저한테 어울려요?

같은 뜻 다른 표현

- C'est bien ?
- Ça me convient ?
- Alors, qu'en pensez-vous ? 어떻게 생각하세요? 어때요? 라는 뜻

실전 회화

Sophie : Que pensez-vous de cette jupe ? Ça me va ?
소피 : 이 치마 어떻게 생각해요 ? 저한테 어울려요?

Pierre : C'est bien, mais je préfère l'autre couleur.
피에르: 괜찮긴한데 저는 다른색이 더 나은 것 같아요.

Sophie : La bleue ? Mais moi, je préfère celle-ci.
소피 : 파란색이요 ? 저는 이 치마가 더 마음에 들어요.

잘 어울리시네요.

상대방에게 ~이 잘 어울린다고 칭찬하려면 «Ça vous va bien. »이라고 하면 된다. 정확한 색상 이름을 얘기할 땐 couleur(f.) 뒤에 아래의 색상 형용사를 붙여주면 된다.

예문 La couleur rouge vous va bien. 당신은 빨간색이 잘 어울려요.

밝은	clair(e)	핑크빛 보라색	mauve
짙은	foncé(e)	핫핑크색	fuchsia
갈색	brun(e)	오렌지색	orange
검은색	noir(e)	청록색	turquoise
금색	or	초록색	vert(e)
은색	argent	크림색	crème
노란색	jaune	파란색	bleu(e)
빨간색	rouge	하늘색	bleu ciel
베이지색	beige	회색	gris(e)
보라색	violet(te)	흰색	blanc(he)
분홍색	rose	형광색	fluo(=fluorescent)

13
C'est soldé.

세일 상품이에요.

같은 뜻 다른 표현

- C'est à prix cassé / à prix réduit / à prix discount.
- C'est en remise / en réduction / en promotion.

실전 회화

Client : Cet article est en promotion ?
손님 : 이 상품이 세일 중인가요?

Vendeuse : Oui, c'est soldé.
점원 : 네, 세일 상품이에요.

Client : De combien ?
손님 : 얼마나요?

Vendeuse : Celui-ci, de 30%.
점원 : 이건 30%예요.

프랑스의 연 2회 정규 세일기간을 알고 싶다면 3과 8번의 "C'est les Soldes !"(세일기간이예요!)를 참고하자.

14 Pouvez-vous me désépaissir les cheveux ?

머리숱 좀 쳐주시겠어요?

같은 뜻 다른 표현

- Pouvez-vous réduire le volume des cheveux ?

실전 회화

(Chez le coiffeur 미용실에서)

Coiffeuse : Que souhaitez-vous ?
미용사 : 어떻게 해드릴까요?

Client : Pouvez-vous me désépaissir les cheveux et les couper un peu en longueur, s'il vous plaît ?
손님 : 머리숱을 쳐내고 길이도 잘라주시겠어요?

Coiffeuse : Par ici. Installez-vous.
미용사 : 이쪽으로 오셔서 앉으세요.

헤어스타일 관련 어휘

긴머리	cheveux(m. pl.) longs	파마하다	friser
단발머리	coupe(f.) au carré	염색하다	colorer
짧은 머리	cheveux(m.) courts	삭발하다	raser
앞머리	frange(f.)	탈색	décoloration(f.)
올림머리	chignon(m.)	구렛나루	pattes(m.pl.)
컬	boucle(f.)	가르마	raie(f.)
굵은 웨이브	ondulation(f.)	머리감기	shampooing(m.)
매직펌(머리펴기)	lissage(m.) permanent	머리말리기	séchage(m.)
자르다	couper	드라이	brushing(m.)

15

Gardez bien le ticket de caisse.

영수증을 잘 보관하세요.

같은 뜻 다른 표현

- Ramenez le ticket de caisse / le reçu. 영수증을 가지고 오라는 의도

실전 회화

Vendeur : En vous remerciant, gardez bien le ticket de caisse pour un échange ou un remboursement.

점원 : 저희 매장을 이용해주셔서 감사드리면서, 교환이나 환불할 경우를 위해 영수증을 잘 보관하시기 바랍니다.

Cliente : Sous combien de jours ?

손님 : 언제까지 와야되죠?

Vendeur : 15 jours.

점원 : 보름 내로요.

Cliente : C'est parfait. Merci.

손님 : 알겠습니다. 감사합니다.

향수

향수의 종류	향료 원액 농도(%)	알코올 함유량(%)	향 지속 시간	특징
퍼퓸 parfum	15 ~ 30	70 ~ 85	12시간 이상	고농도 원액 함유로 지속 시간이 길다.
오 드 퍼퓸 eau de parfum	8 ~ 15	85 ~ 92	7 ~ 8시간	퍼퓸보다 약하고 오 드 투알렛 보다 강하다.
오 드 투알렛 eau de toilette	4 ~ 8	92 ~ 96	4 ~ 5시간	부담 없이 누구나 쉽게 사용할 수 있다.
오 드 콜롱 eau de cologne	3 ~ 5	93 ~ 95	1 ~ 2시간	향이 신선하고 상큼해 목욕 후 전신에 사용할 수 있다.

The Coffee

Jour 4

초대와 음식

01_ Je vous invite. 제가 살게요.
02_ Connaissez-vous un bon restaurant ? 좋은 식당을 아세요?
03_ Un café allongé, s'il vous plaît. 연한 커피 한 잔 주세요.
04_ Santé ! 건배!
05_ Vous êtes écarlate ! 얼굴이 너무 빨개지셨어요.
06_ Ah, ça sent le fromage ! 아이, 냄새
07_ De l'eau gazeuse, s'il vous plaît. 탄산수 주세요.
08_ Je l'ai fait au feeling. 느낌대로 만들었어요.
09_ Je suis rassasié(e). 배불러요.
10_ Je vais chercher du pain. 제가 빵을 사올게요.
11_ Je fais un régime. 다이어트를 하고 있어요.
12_ Quel est ce poisson ? 이게 무슨 생선이예요?
13_ Je voudrais réserver une table. 식당을 예약하려고 합니다.
14_ Qu'est-ce que vous avez mis dedans ? 안에 무엇을 넣으셨어요?

01 Je vous invite.

제가 살게요.

같은 뜻 다른 표현

- C'est moi qui invite / paie / offre.
- C'est ma tournée.
- C'est pour moi.

실전 회화

Minsu : Je vous invite ce soir.
민수 : 오늘 저녁은 제가 살게요.

Sophie : Non, c'est moi qui vous invite.
소피 : 아니예요, 제가 사야죠.

Minsu : Vous m'inviterez la prochaine fois.
민수 : 다음에 사주세요.

더치페이

더치페이를 할 때는 partager를 사용해 «On partage.»라고 하거나 '반'을 뜻하는 moitié를 두 번 반복해 «On fait moitié-moitié.»라고도 한다.

02
Connaissez-vous un bon restaurant ?

좋은 식당을 아세요?

같은 뜻 다른 표현

- Connaissez-vous une bonne table / adresse ?
- Recommandez-moi un bon restaurant.

실전 회화

Sylvie : Ce soir, je vais à Beaubourg.
실비 : 저 오늘 저녁에 보부르*에 가요.

Minsu : Vous avez un rendez-vous ?
민수 : 약속이 있어요?

Sylvie : Oui, connaisssez-vous un bon restaurant ?
실비 : 네. 혹시 좋은 식당을 아세요?

*퐁피두센터 인근지역을 일컫는다. 이 지역의 이름을 따서 퐁피두센터를 보부르라고도 부른다.

미슐랭 가이드

프랑스를 여행하면서 빼놓을 수 없는 즐거움이 바로 먹는 즐거움이다. 프랑스 음식 평론지 『Guide Michelin 미슐랭 가이드』의 별을 받은 레스토랑일수록 손님도 많으므로 사전에 예약하고 가는 것이 좋다. 참고로 『미슐랭 가이드』의 별은 세개가 만점이다. 때로는 『미슐랭 가이드』에 이름을 올리지 못했거나 별 등급이 내려갔다는 수치심으로 자살을 하는 요리사들도 있다고 한다.

03 Un café allongé, s'il vous plaît.

연한 커피 한 잔 주세요.

같은 뜻 다른 표현

- Un café pas trop serré, s'il vous plaît.
  ≠ Un café corsé / serré / fort, s'il vous plaît.

실전 회화

Serveuse : Qu'est-ce que vous prenez ?
서버 : 무엇을 드시겠어요?

Client 1 : Un cappuccino, s'il vous plaît.
손님1 : 카푸치노 한 잔 주세요.

Serveuse : Et vous ?
서버 : 손님은요?

Client 2 : Moi, un café allongé. Merci.
손님2 : 저는 연한 커피 한 잔 주세요. 감사합니다.

Jus de chaussette 너무 연한 커피

직역하면 양말 주스. 무슨 뜻일까? 바로 물을 너무 많이 넣어서 밍밍하고 맛없는 커피를 jus(m.) de chaussette이라고 한다. 양말을 담궜다 뺀 물을 상상하면 될 것이다. 미국식 커피 'américano(m.) 아메리카노'를 양말 주스같다고 하는 프랑스인들도 있다.

04
Santé* !

건배!

*'건강'이라는 뜻 (f.)

같은 뜻 다른 표현

- A la tienne ! 너의 건강을 위하여!
- A la vôtre ! 당신의 건강을 위하여!
- A la nôtre ! 우리의 건강을 위하여!
- Tchin (tchin) !

실전 회화

Sophie : Tout le monde a sa flûte ?
소피 : 다들 각자 샴페인 잔 받았죠?

Tout le monde : Santé !
모두 : 건배!

Minsu : Merci, Anne pour l'apéritif.
민수 : 안느, 아페리티프 고마워요.

Cul sec ! 원샷 !

cul(m.)은 '잔의 바닥'을, sec은 '마른, 건조한'을 뜻해 결국 잔을 바닥까지 비운다, 즉 건배한다는 뜻이다.

05
Vous êtes écarlate !

얼굴이 너무 빨개지셨어요.

같은 뜻 다른 표현

• Vous êtes rouge (comme une tomate* / une pivoine**).

*토마토처럼 빨갛다 / **모란꽃처럼 빨갛다는 뜻

실전 회화

Sophie : Oh, vous êtes écarlate.
소피 : 어머, 얼굴이 너무 빨개지셨어요.

Julien : C'est à cause du vin.
쥘리앵 : 와인 때문이예요.

Sophie : Vous en avez bu très peu pourtant.
소피 : 거의 마시지도 않았으셨는걸요.

Couleur bordeaux 보르도색

'레드와인'은 vin rouge, '화이트와인'은 vin(m.) blanc, '로제와인'은 vin rosé라고 한다. 그렇다면 와인색은 불어로 뭐라고 할까? bordeaux라고 한다. 보르도(Bordeaux)산 와인의 빛깔에서 유래한 것이다.

06
Ah, ça sent le fromage* !

아이, 냄새

*'치즈'를 뜻하는 단어로 우리나라에서는 청국장이나 발냄새가 난다고 표현하는 것과 같다.

같은 뜻 다른 표현

- Ça sent mauvais.
- Ça sent fort. 향이 강하다는 의미

실전 회화

Sophie : Voilà notre plateau de fromages.
소피 : 자, 여기 치즈 트레이가 나왔습니다.

Lucas : Maman, ça sent le fromage !
뤼카 : 엄마, 여기서 냄새나요.

Sophie : Oui, mon chéri. C'est du fromage de chèvre.
소피 : 응, 얘야. 염소 치즈가 있어서 그래.

치즈의 왕국 프랑스

샤를 드골 프랑스 전 대통령은 "365가지의 다양한 치즈를 가진 나라를 어떻게 통치해야 하는가"*라고 했다. 실제로 프랑스에는 수많은 치즈가 존재하는데 그 중에서 프랑스인이 가장 좋아하는 치즈 10가지를 소개한다.

* *Comment voulez-vous gouverner un pays où il existe 365 variétés de fromages?*

1. le camenbert 까망베르
2. le chèvre 염소치즈
3. le brebis basque 바스크 양젖 치즈
4. le comté 콩테
5. l'emmental râpé 갈은 에멘탈
6. le saint-nectaire 생 넥테르
7. le cantal 캉탈
8. l'emmental en morceau 조각 에멘탈
9. le reblochon 르블로숑
10. le roquefort 로크포르

07
De l'eau gazeuse, s'il vous plaît.

탄산수 주세요.

같은 뜻 다른 표현

- De l'eau pétillante, s'il vous plaît.
  ≠ De l'eau plate / minérale / normale / non-gazeuse / sans gaz, s'il vous plaît. 일반수 주세요.

실전 회화

Serveur : Vous voulez de l'eau plate ou gazeuse ?
서버 : 일반수 드릴까요, 탄산수 드릴까요 ?

Cliente : De l'eau gazeuse, s'il vous plaît.
손님 : 탄산수로 주세요.

(Après avoir bu 마신 후)

Cliente : Ah, ça rafraîchit.
손님 : 아, 시원하다.

L'eau, c'est la vie ! 물은 생명이다!

탄산수에는 브랜드마다 함유량에 차이는 있지만 'sel(m.) 염분'이 조금씩 포함되어있으니 염분섭취에 신경을 써야하는 사람은 확인을 하고 마시도록 하자. 프랑스에는 일반수 종류도 다양한데 소화를 도와주는 마그네슘 등 미네랄 함유를 강조한 제품들이 눈에 띈다.

08 Je l'ai fait au feeling.

느낌대로 만들었어요.

같은 뜻 다른 표현

- Je l'ai fait à l'intuition / sans recette*.

*'레시피 없이'라는 의미

실전 회화

Minji : Elles sont bonnes, les pâtes. Quelle est votre recette ?
민지 : 파스타가 맛있네요. 무슨 레시피예요?

Sylvie : C'est ma recette à moi. Je l'ai faite au feeling.
실비 : 저만의 레시피인데요, 그냥 느낌이 오는 대로 만들었어요.

C'est délicieux! 맛있어요!

수프를 먹고 있는데 갑자기 상대방이 «Elle est bonne !»이라고 한다. 밑도 끝도 없이 갑자기 '그녀는 괜찮다'니 이게 무슨 뜻일까? 모든 사물을 남성, 여성으로 구분하는 프랑스인의 입장에서 생각해보면 elle은 지금 먹고 있는 여성명사 수프(la soupe)를 지칭한다. «C'est bon.»이 편하게 두루두루 쓰이지만 «Il est bon.», «Ils sont bons.», «Elle est bonne.», «Elles sont bonnes.»도 식사 중 많이 들리니 익숙해지면 좋을 것이다. 음식이 맛있다고 칭찬하고 싶을 때 très bon, délicieux, extra와 같은 형용사를 사용하면 요리한 사람이 아주 좋아할 것이다.

09
Je suis rassasié(e).

배불러요.

같은 뜻 다른 표현

- **J'ai bien / trop mangé.** 많이/너무 많이 먹었다는 의미
- **Je n'ai plus faim.** 더 이상 배고프지 않다는 의미
- **J'ai la peau du ventre bien tendue.** '뱃가죽이 늘어났다'는 뜻으로 유머러스한 표현이기 때문에 상대방을 웃기려는 의도가 있다.

\# '배가 고프다'는 표현
J'ai faim.
Je meurs de faim. 배고파 죽을 것 같다는 뜻

실전 회화

Sylvie : Qui veut du dessert ?
실비 : 디저트 드실 분?

Minsu : Non merci. Je suis rassasié.
민수 : 전 괜찮아요. 배불러요.

Julien : Un petit morceau, s'il vous plaît.
쥘리앵 : 전 한 조각만 주세요.

저녁 8시 식사 초대 해프닝

필자가 처음 프랑스에 유학갔을 때 일이다. 서울에서 알게 된 프랑스인 부부가 초대를 했는데 저녁 8시에 오라고 했다. 시간대가 늦어 저녁식사를 먹으러 오라는 건지, 차 한잔 마시러 오라는 건지 알 수가 없었다. 실수할까봐 묻지도 못하고 차만 줄 경우를 대비하여 미리 저녁식사를 하고 8시 정각에 찾아갔다.

문제는 도착하는 순간 깨달았는데 알고 보니 내가 첫 번째로 온 것이었다. 우리식으로 하면 몇 명은 이미 와있어야하는데…… 설상가상으로 다른 손님들과 얘기를 나누다보니 저녁을 먹고 온 사람은 나 하나뿐이었다.

프랑스에서는 저녁식사를 늦게하는 줄도 몰랐고, 집으로 초대를 받은 경우는 약속시간보다 10~15분 정도 늦게가는 것도 예의인지 몰랐다. 정시에 도착하는 것이 동서고금을 막론하고 미덕인줄로 믿었던 나는 그날 많은 것을 배웠다. 또한 마지막 순간까지 동분서주하는 안주인에게 조금 늦게 손님들이 도착하는 것이 얼마나 고마운 일인지도 깨닫게 되었다.

10
Je vais chercher du pain.

제가 빵을 사올게요.

같은 뜻 다른 표현

- Je vais / sors acheter du pain.

실전 회화

Paul : Vous avez besoin de quelque chose pour dîner ?
폴 : 저녁으로 뭐 필요한 거 있으세요?

Sylvie : Il n'y a plus de pain.
실비 : 빵이 떨어졌네.

Paul : Ok. Je vais chercher du pain.
폴 : 그럼 제가 빵을 사올게요.

chercher는 원래 '찾는다'는 뜻이지만 위의 예문처럼 '사오다'는 뜻도 있다.

Boulangerie(불랑쥬리), viennoiserie(비에누아스리), pâtisserie(빠티스리)

• Boulangerie(f.) : 불랑쥬리, 빵집. 간판이나 포장에 이 단어가 적힌 걸 본 적이 있을 것이다. 그런데 우리나라에서는 바게뜨도 빵, 크루아상도 빵이라고 부르는 반면 프랑스에서는 물, 밀가루, 소금만 사용하여 만든 빵만을 pain(m.)이라고 한다. 'baguette(f.) 바게뜨'가 바로 여기에 해당한다. 즉 바게트에는 버터, 우유, 계란이 들어가지 않는다.

• Viennoiserie(f.) : 한편, 이러한 재료들 외에 버터, 우유, 계란이 들어간 '빵아닌 빵'은 'viennoiserie 비에누아스리'로 분류된다. 'croissant(m.)크루아상', 'pain au chocolat 뺑오쇼콜라', 'pain aux raisins 뺑오레젱'(이름은 pain이지만) 등이 여기에 속한다.

• Pâtisserie(f.) : 그 외에 디저트류나 케이크류를 'pâtisserie 빠티스리'라고 한다.

11
Je fais un régime.

다이어트를 하고 있어요.

같은 뜻 다른 표현

- Je fais attention à ma ligne.

실전 회화

Sylvie: Servez-vous. Minsu, vous en voulez encore ?
실비 : 여러분, 어서 드세요. 민수씨, 좀 더 드시겠어요?

Minsu : Non. J'arrête. Je fais un régime.
민수 : 아뇨. 전 그만 먹어야겠어요. 다이어트를 하고 있거든요.

Sylvie : Ah ?
실비 : 그래요?

Minsu: Oui, mais c'était très très bon !
민수 : 네, 하지만 정말 아주 맛있게 잘 먹었어요!

Le Cordon Bleu 르 꼬르동 블루

1895년에 설립된 요리학원으로 프랑스혁명(1789) 이전인 'Ancien Régime 앙시앵 레짐' 당시 최고 권력기관인 'Ordre du Saint-Esprit 성령기사단'을 지칭하는 단어가 바로 '파란 리본'을 뜻하는 '꼬르동 블루'였다. 성령기사단이 당시 즐기던 음식이 유럽 전역에 널리 퍼지면서 명성을 얻게 되었고 그 이름을 따서 요리학원까지 생긴 것이다.

프랑스에서는 르 꼬르동 블루 출신자가 아니더라도 요리를 아주 잘하는 사람에게 꼬르동 블루에 뒤지지 않는 실력이라고 칭찬을 해준다. «Vous êtes un cordon bleu. 당신은 꼬르동 블루이시군요.» «C'est un cordon bleu. 이 사람은 꼬르동 블루예요.»와 같이 말할 수 있다.

꼬르동 블루는 한국의 '치즈돈까스'와 비슷한 음식 이름이기도 하다.

12
Quel est ce poisson ?

이게 무슨 생선이에요?

같은 뜻 다른 표현

- Quel est le nom de ce poisson ?

실전 회화

Sylvie : Goûtez mon plat un peu.
실비 : 제 요리 한 번 드셔보세요.

Julien : Mmh.
쥘리앵 : 음~

Sylvie : Vous aimez ?
소피 : 맛이 괜찮아요?

Julien : Oui, c'est bon. Quel est ce poisson ?
쥘리앵 : 네, 맛있어요. 이게 무슨 생선이에요?

Sylvie : C'est du merlan.
실비 : 대구예요.

Fruits de mer 해산물

'해산물'은 불어로 fruits(m.) de mer라고 한다. fruit는 '과일'을 뜻하고 mer(f.)는 '바다'를 뜻해 직역하면 '바다의 과일'이 된다. 한국에는 해산물의 종류가 프랑스보다 훨씬 다양해 노량진 수산시장이나 부산 자갈치시장을 방문하는 프랑스인들은 그 다양함에 놀라움을 금치 못한다.

해산물 중에서도 굴은 특별한 음식에 속하는데 프랑스인들은 'huître(f.) 굴'하면 바로 축제를 떠올릴 정도다. 우리나라와 달리 껍질째 팔기 때문에 굳게 닫힌 껍질을 직접 까느라 손을 다칠 수 있어 조심해야 한다.

프랑스, 영국 등 유럽에서는 1월, 2월, 3월, 4월, 9월, 10월, 11월, 12월과 같이(Janvier, Février, Mars, Avril, Septembre, Octobre, Novembre, Décembre) 달 이름에 'r'자가 들어 있는 달에는 해물을 즐겨 먹는다. r자가 없는 달은 더운 때여서 해물이 신선하지 않으므로 안 먹는 것이 좋다는 데서 연유했다.

13
Je voudrais réserver une table.

식당을 예약하려고 합니다.

같은 뜻 다른 표현

- Je voudrais faire une réservation.

실전 회화

Client : Bonjour, je voudrais réserver une table pour cinq personnes.

손님 : 안녕하세요, 다섯명 테이블로 예약을 하려고 합니다.

Serveure : Très bien, monsieur. Quand et à quel nom ?

서버 : 네. 언제, 누구 이름으로 하시겠습니까?

Client : Demain soir à 20h au nom de Leblanc.

손님 : 내일 저녁 8시 르블랑으로 예약하겠습니다.

테이블 에티켓*

1. 의자의 왼쪽으로 앉고 일어선다. 테이블과 가슴 사이는 주먹 하나 정도가 들어갈 간격을 두는 것이 좋다.
2. 여성의 경우 핸드백은 별도의 행거나 보조의자가 없으면 의자 등받이와 자신의 등 사이에 놓는다.
3. 입 안에 음식이 있을 때는 이야기를 하거나 음료수를 마시지 않는다.
4. 음식을 먹을 때에 '후루룩', '쩝쩝' 소리를 내지 않도록 한다.
5. 빵은 접시의 왼쪽에, 물과 와인은 오른쪽에 놓인 것이 자기 몫이다.
6. 식사 도중 잠시 자리를 배울 때에는 냅킨을 자신의 의자에 올려놓는데 식탁 위에 올려놓으면 식사를 끝냈다고 보기 때문이다.
7. 꼬치 음식은 꼬치 끝을 쥐고 포크로 음식을 뺀 다음 먹는다.
8. 스파게티는 왼손에 스푼, 오른손에 포크를 들고 말아서 먹는다.
9. 스낵이나 샌드위치는 손으로 먹어도 괜찮다. 하지만 내용물이 많은 클럽 샌드위치는 포크와 나이프로 잘라 먹는다.
10. 입가를 닦을 땐 냅킨을 이용하고, 여자들은 립스틱이 묻지 않도록 해야한다.
11. 식사가 끝나면 냅킨을 사용한 대로 자연스럽게 테이블 위에 올둔다.
12. 식사라 끝났다고 식기를 한쪽으로 밀어놓거나 포개놓지 않는다.

*'étiquette(f.) 에티켓'은 우리나라에서도 흔히 쓰이는 프랑스 단어로 '예의', '매너'를 뜻한다.

14
Qu'est-ce que vous avez mis dedans ?

안에 무엇을 넣으셨어요?

같은 뜻 다른 표현

- Quels sont les ingrédients ? 재료가 뭔지 묻고 있음

실전 회화

Minsu : Mmmh... Ça sent bon. Qu'est ce que vous avez mis dedans ?
민수 : 음~ 냄새가 좋아요. 안에 뭘 넣으셨어요?

Sylvie : Quelques herbes. Ça relève le goût.
실비 : 허브를 좀 넣었어요. 이렇게하면 더 감칠맛이 나요.

Minsu : Vous me donnerez votre recette.
민수 : 저에게 레시피를 전수해 주시겠어요?

세계 문화 유산인 프랑스식 식사

요즘 프랑스에서는 요리 서바이벌 프로그램이 유행인데 M6 방송의 'Un dîner presque parfait 완벽에 가까운 저녁식사'와 'Top Chef 톱셰프'가 이에 해당한다. 이 프로그램들만 봐도 식사에 대한 프랑스인들의 정성과 집착이 얼마나 대단한지 혀를 내두를 정도다. 단순히 맛이나 요리기법의 차원이 아니라 아름다운 테이블 세팅, 풍성한 대화를 곁들이며 사람들과 함께 나누는 문화, 느린 식사, 요리와 와인의 조화, 질 좋은 음식에 대한 관심 등은 프랑스의 오랜 '사회적 관습'이다. 2010년 프랑스식 식사가 식문화로는 세계 최초로 유네스코 세계 무형 문화 유산으로 지정되었다.

The Coffee

Jour 5
문화와 여가생활

01_ Qu'est-ce que vous aimez faire ? 취미가 뭐예요?
02_ Avez-vous une religion ? 종교가 있으세요?
03_ C'est un tube. 이 노래는 히트곡이예요.
04_ On va voir une pièce de théâtre ? 연극 보러 갈래요?
05_ C'est un best-seller. 이 책은 베스트셀러예요.
06_ En VF, s'il vous plaît. 더빙버전으로 주세요.
07_ Ça vaut le coup. 볼만한/방문할만한 가치가 있어.
08_ On fait un pique-nique ? 우리 피크닉 갈까요?
09_ Voulez-vous faire cette attraction ? 이 놀이기구 타보실래요?
10_ Il faut que je fasse du sport. 운동을 해야겠어요.
11_ Il a obtenu un prix à Cannes. 그는 칸영화제에서 상을 받았어요.

01
Qu'est-ce que vous aimez faire ?

취미가 뭐예요?

같은 뜻 다른 표현

- Quel est votre passe-temps / loisir favori ?
- Quelles sont vos activités préférées ?
- Que faites-vous pendant vos loisirs ?

실전 회화

Bomi : Qu'est-ce que vous aimez faire ?
보미 : 취미가 뭐예요?

Pierre : J'aime beaucoup aller au cinéma. Et vous ?
피에르 : 전 영화관에 가는 걸 좋아해요. 당신은요?

Bomi : Moi, j'aime bien dessiner.
보미 : 저는 그림그리는 걸 좋아해요.

프랑스인의 취미활동

2013년 7월 자 TéléObs(뗄레옵스) 기사에 따르면 프랑스인이 가장 좋아하는 취미활동 1위는 바로 Cinéma 영화감상, 2위는 Musique 음악감상, 3위는 Photographie 사진촬영인 것으로 드러났다.

02
Avez-vous une religion ?

종교가 있으세요?

같은 뜻 다른 표현

- Etes-vous croyant(e) ?

실전 회화

Sylvie : Avez-vous une religion ?
실비 : 종교가 있으세요 ?

Pierre : Oui, je suis catholique. Et vous ?
피에르 : 네, 저는 카톨릭신자예요. 당신은요?

Sylvie : Moi, je n'ai pas de religion.
실비 : 저는 종교가 없어요.

세계 7위, 유럽 2위의 카톨릭 국가

프랑스는 카톨릭 국가이지만 카톨릭 신자의 수가 꾸준히 줄고 있다. 2014년 1월 자 르몽드(Le Monde) 기사에 따르면 1952년에는 스스로를 카톨릭 신자라고 한 사람이 전체 인구의 81%였으나 2010년에는 64%로 크게 떨어졌다. 또한 이 64% 가운데 57%는 미사에 참석하지 않는 것으로 나타났다.

03
C'est un tube.

이 노래는 히트곡이예요.

같은 뜻 다른 표현

- C'est un hit.
- Ça fait un carton / tabac.
- Ça cartonne.

실전 회화

Minsu : On entend cette musique partout en ce moment.
민수 : 요즘 어딜가나 이 노래가 나오네요.

Sophie : C'est le tube de l'année.
소피 : 이 노래가 바로 올해의 히트곡이예요.

Minsu : Qui chante ?
민수 : 누가 부르는 거예요?

Sophie : Stromae.
소피 : 스트로마에예요.

Minsu : Il a une belle voix.
민수 : 목소리가 참 좋네요.

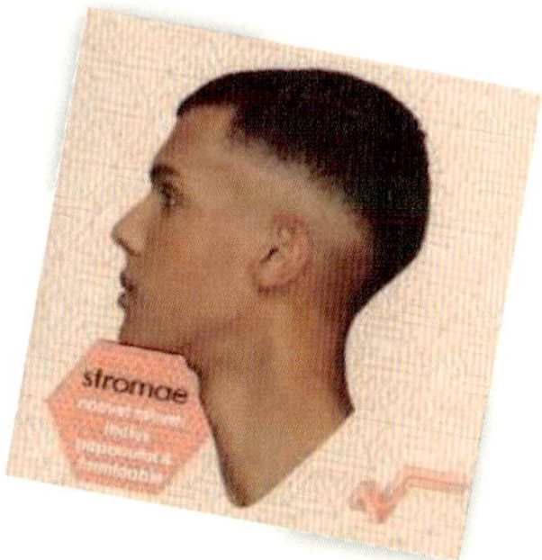

'chanter 노래하다' 동사를 활용한 유용한 표현

chanter comme un rossignol*=chanter bien 꾀꼬리처럼 노래를 부르다= 잘 부르다
chanter juste 정확히 부르다
chanter comme une casserole**=chanter faux 틀리게 부르다, 못 부르다
chanter en live 라이브로 부르다
chanter en playback 립싱크로 부르다.

*꾀꼬리 **냄비

04

On va voir une pièce de théâtre ?

연극 보러 갈래요?

같은 뜻 다른 표현

- Vous ne voulez pas aller voir une pièce de théâtre ?
- Ça vous tente d'aller au théâtre ?
- Si on allait voir une pièce de théâtre ?
- Allons voir une pièce de théâtre.

실전 회화

Julien : J'ai deux billets. On va voir une pièce de théâtre ?
쥘리앵 : 저한테 표가 두장이 있는데 우리 연극보러 갈래요?

Sylvie : C'est quelle pièce ?
실비 : 무슨 연극인데요?

Julien : C'est *La Vie devant soi*. Les critiques sont bonnes.
쥘리앵 : '자기앞의 생'이예요. 평이 좋더라구요.

극장에서 볼 수 있어요.

배우는 acteur(-trice), comédien(ne)이라고 하고 희극배우, 개그맨은 comique, humoriste라고 한다.

comédie musicale (f.) 뮤지컬 　 sketch (m.)스케치 코미디(짧은 개그쇼)
one-man-show (m.)원맨쇼 　 stand-up (m.) 스탠드업 코미디

05
C'est un best-seller.
이 책은 베스트셀러예요.

같은 뜻 다른 표현

- Ce livre est un grand succès.
- C'est un livre à succès.
- C'est un des livres qui se vendent le mieux.
- Ce livre fait partie des meilleures ventes.

실전 회화

Sylvie : Quel livre avez-vous lu récemment ?
실비 : 최근에 무슨 책을 읽으셨어요?

Bomi : J'ai lu le dernier Musso *Central Park*. J'ai adoré. C'est un best-seller.
보미 : 기욤 뮈소의 최신작인 『센트럴 파크』를 읽었어요. 정말 재미있게 읽었어요. 이 책은 베스트셀러예요.

Bouquin 책

livre(m.)와 동의어인 bouquin(m.)이라는 단어도 자주 쓰인다. 이 단어와 관련해서 세느강변에서 고서적을 판매하는 초록색 상점들을 bouquiniste라고 하고 *Je bouquine*이라는 청소년 월간 문고도 있다.

06
En VF*, s'il vous plaît.

더빙버전으로 주세요.

*VF=Version française, 프랑스어 더빙 영화
VO=Version originale, 오리지널 버전 자막 영화

같은 뜻 다른 표현

- En version doublée, s'il vous plaît.

실전 회화

Spectateur : Je voudrais deux places pour *Intouchables* pour 19h.
관객 : '언터처블' 7시 상영으로 두 장 주세요.

Guichetière : En VO ou en VF ?
창구 직원: 자막이요, 더빙이요 ?

Spectateur : En VF, s'il vous plaît.
관객 : 더빙으로 주세요.

Guichetière : Tenez. Bonne séance.
창구 직원 : 여기 표 받으세요. 재미있게 감상하세요.

영화광을 위한 희소식

UGC나 MK2와 같은 대형멀티플렉스영화관은 여러가지 할인 서비스를 제공하는데 시네필 cinéphile이라면 여기에 가입하는 것을 추천한다. 영화 한 편이 10유로인데 매달 20.08유로씩 일년 동안 내면 무제한으로 영화를 볼 수 있는 회원제도 있다.

07 Ça vaut le coup.

볼만한/방문할만한 가치가 있어.

같은 뜻 다른 표현

- C'est à voir.
- Ça mérite d'être vu.
- Ça vaut le détour.

실전 회화

Bomi : Regardez cette affiche. Une expo Brassaï à l'hôtel de ville.

보미 : 이 벽보를 보세요. 시청에서 브라사이 전시회가 있어요.

François : Vous voulez y aller ?

프랑수아 : 거기 가고 싶으세요?

Bomi : Oui, je pense que ça vaut le coup.

보미 : 네, 볼만한 가치가 있을 것 같아요.

François : On y va ensemble ?

프랑수아 : 우리 같이 갈까요?

Vernissage 베르니사주

전시 오프닝을 vernissage(m.)라고 한다. 일반공개에 하루 앞서 초청받은 사람들이 참석하는 자리다. vernis(m.)는 '니스'를 뜻하는 단어로 과거에 화가들이 일반 관람객에게 전시회를 공개하기 전날 출품작에 니스칠을 하던데서 유래되었다고 한다.

08
On fait un pique-nique ?

우리 피크닉 갈까요?

같은 뜻 다른 표현

- On pique-nique ?
- On organise un pique-nique ?
- Ça vous tente un pique-nique ?
- Si on pique-niquait ?

실전 회화

Pierre : Il fait très beau aujourd'hui.
피에르 : 오늘 날씨가 참 좋네요.

Sophie : On fait un pique-nique avec des amis ?
소피 : 친구들이랑 같이 피크닉 갈까요?

Pierre : Vous avez toujours de bonnes idées.
피에르 : 역시 소피씨는 항상 아이디어가 좋다니까요.

알고나면 주문도 능숙하게

casse-croûte(m.) 주로 샌드위치처럼 아주 간단하고 빨리 먹을 수 있는 음식을 일컫는다. 동사로 활용할 때는 faire le casse-croûte, 같은 뜻으로 manger sur le pouce가 있는데 이런 표현들은 패스트 푸드점, 식당, 까페 등에서 심심찮게 볼 수 있다.

09 Voulez-vous faire cette attraction ?

이 놀이기구 타보실래요?

같은 뜻 다른 표현

- Voulez-vous essayer cette attraction ?
- Êtes-vous tenté(e) par cette attraction ?

실전 회화

Sophie : Voulez-vous faire cette attraction ?
소피 : 이 놀이기구 한 번 안 타보실래요?

Julien : Non, je me contente de regarder. Ça peut me rendre malade.
쥘리앵 : 아뇨, 전 구경하는 걸로 만족해요. 자칫 멀미날 수도 있거든요.

'Fête foraine(페트 포렌)'을 아시나요?

프랑스에서는 '놀이공원' parc(m.) d'attraction 외에도 정해진 날짜에 찾아오는 순회 놀이공원인 fête(f.) foraine을 종종 볼 수 있는데 기본적인 놀이기구들은 물론이고 기타 게임시설과 먹거리들이 가득하다. 기구 탑승은 유료지만 구경만큼은 무료로 할 수 있어 어른 아이 할 것 없이 많은 사람들의 관심을 불러모으는 행사다.
여기서 만국공통 놀이기구 몇가지를 프랑스어로 알아보자.

회전목마	manège(m.), carrousel(m.)	후룸라이드	croisière(f.)
청룡열차	montagnes russes(f.)	귀신의 집	maison hantée(f .)
바이킹	bateau à bascule (m.)	대형 관람차	grande roue(f.)

10

Il faut que je fasse du sport.

운동을 해야겠어요.

같은 뜻 다른 표현

- Je dois vraiment faire du sport / footing.
- Il faut faire de l'exercice.
- Il faut brûler des calories. 칼로리를 태워야겠다는 의미

실전 회화

Sophie : Oh, mon dieu. J'ai pris 1 kilo.
소피 : 어머나 세상에. 살이 1키로나 쪘어요.

Minsu : Ça ne se voit pas.
민수 : 표시 안 나요.

Sophie : Il faut que je fasse du sport.
소피 : 운동을 시작해야겠어요.

Minsu : Vous exagérez.
민수 : 너무 (집착이) 심하신 거 아니예요?

Roland Garros 롤랑 가로스

테니스는 축구 다음으로 프랑스인들이 좋아하는 스포츠이다. 롤랑 가로스는 '프랑스 오픈 테니스 대회'라고도 불리는데 윔블던, US 오픈, 호주 오픈 대회와 함께 세계 4대 메이저 테니스 대회에 속한다. 5월 마지막주부터 6월 첫 주까지 파리 서쪽 불로뉴 숲 인근에 위치한 롤랑 가로스 경기장에서 열린다. 이 경기장은 메이저 대회 중 유일하게 하드 코트나 잔디 코트가 아닌 클레이 코트로 붉은색의 점토가 인상적이다. 남자 테니스 세계랭킹 1위인 라파엘 나달 선수는 롤랑 가로스에서만 2014년 기준 9회를 우승해 '클레이코트의 황제'라고 불린다.

11
Il a obtenu un prix à Cannes*.

그는 칸영화제에서 상을 받았어요.

*Festival de Cannes가 공식명칭

같은 뜻 다른 표현

- Il a remporté / gagné / reçu un prix à Cannes.
- Il a été récompensé à Cannes.

실전 회화

Sylvie : Ah, je reconnais cet acteur.
실비 : 어머, 저 이 배우 알아요.

Minsu : Il a obtenu un prix à Cannes. C'est vraiment un excellent comédien.
민수 : 칸에서 상을 받았었잖아요. 정말 훌륭한 배우예요.

Sylvie : Oui, il est très populaire.
실비 : 네. 정말 유명한 사람이죠.

칸 영화제

베니스, 베를린 영화제와 더불어 세계 3대 영화제에 속하는 칸 영화제는 매년 5월에 프랑스 남부의 휴양도시인 칸에서 개최된다. 영화감독 장 콕토가 이 곳에서 많이 볼 수 있는 종려나무의 잎을 모티브로 하여 영화제의 로고를 디자인하였는데 칸 영화제의 최고상 이름이 바로 'Palme d'or 황금종려상'이다. 황금종려상 외에도 심사위원대상, 감독상, 남·여우주연상 등 여러가지 상이 주어진다. 우리나라 영화는 임권택 감독, 박찬욱 감독, 이창동 감독, 홍상수 감독, 김기덕 감독, 배우 전도연 등이 이 영화제에서 수상하는 등 국제적으로 인정을 받고 있다. 특히 2014년 제 67회 칸영화제에는 전도연이 우리나라 배우 최초로 심사위원으로 위촉되었고 '주목할만한 시선' 부문에 정주리 감독의 '도희야'가 초청되어 이목을 모았다.

제67회 칸 영화제에서는 '누리 빌제 세일란' 감독의 휴먼 드라마 '윈터 슬립'이 황금종려상을 수상했다.

디저트(dessert)

메인 코스가 끝나고 디저트를 주문하기 전에 테이블 위의 빵, 접시 등을 치우기 때문인지 디저트의 어원은 불어로 desservir 즉 '치우다'이다. 디저트로는 케이크, 과일, 아이스크림 등이 나온다. 주식이 대부분 짜기 때문에 후식으로는 자연히 단 음식이 나온다.

과일 깎아 먹는 법

- 바나나(banane, f.) : 우선 바나나의 양 끝을 칼로 자른다. 포크로 바나나의 한쪽 끝을 누른 다음 나이프로 껍질에 칼집을 낸 뒤 나이프와 포크로 껍질을 벗긴다. 왼쪽부터 한 입씩 잘라먹으며 다 먹은 다음에는 껍질을 다시 말아놓는다.
- 사과(pomme, f.) : 나이프로 사과를 반으로 나눈 뒤 다시 반으로 잘라 4조각을 만든다. 한 조각씩 포크로 찔러 놓고 나이프로 껍질을 깎는다. 그다음 접시에 내려놓고 포크로 누르면서 나이프로 씨를 도려낸다.
- 멜론(melon, m.) : 스푼으로 먹을 경우에는 왼손으로 껍질 부분을 잡고 스푼으로 떠먹는다. 나이프로 먹을 경우에는 포크로 멜론의 왼쪽을 누르고 나이프로 오른쪽에서부터 껍질을 분리한 후 한 쪽씩 잘라 먹는다.
- 귤(clémentine, f.) : 껍질을 벗겨 하나씩 떼어먹는다. 다 먹으면 껍질을 모아 귤 꼭지가 위로 오도록 접시에 올려놓는다.

The Coffee

Jour 6

행정과 관공서

01_ J'ai obtenu mon visa vacances-travail (VVT). 워킹홀리데이 비자를 받았어요.

02_ Je cherche un appart. 아파트를 찾고 있어요.

03_ Je voudrais ouvrir un compte (bancaire). 계좌를 만들려고 합니다.

04_ Il faut que je déclare la perte de mon passeport à l'ambassade.
대사관에 여권 분실신고를 해야 해요.

05_ C'est pour changer des espèces. 환전하려고 합니다.

06_ Avez-vous quelque chose pour la toux ? 기침에 좋은 약이 있나요?

07_ Une facture EDF ? 전기세 고지서면 되나요?

08_ Je voudrais envoyer un colis à l'étranger. 해외로 소포를 보내려고 합니다.

09_ Je voudrais avoir des renseignements concernant l'examen du DELF.
델프 시험에 대해 문의하고 싶습니다.

10_ Il sort bientôt (de l'hôpital). 그는 곧 퇴원할 거예요.

01 J'ai obtenu mon visa vacances-travail (VVT)*.

워킹홀리데이 비자를 받았어요.

*Programme / Permis vacances-travail(PVT), Working Holiday Visa(WHV)라고도 불린다.

같은 뜻 다른 표현

- J'ai eu mon visa vacances-travail.

실전 회화

Pierre : Avec quel titre de séjour êtes-vous venue en France ?
피에르 : 무슨 체류자격으로 프랑스에 오셨어요?

Bomi : Je suis venue avec le permis vacances-travail. Je l'ai obtenu il y a 6 mois.
보미 : 워킹홀리데이 비자로 왔고 (비자는) 6개월 전에 받았어요.

한국-프랑스 워킹홀리데이

프랑스 일간지 르피가로(Le Figaro)의 2013년 12월 2일 자 기사에 따르면 2011년 한국과 프랑스 간 워킹홀리데이 협정이 발효된 이후 이 프로그램을 통해 한국을 찾는 프랑스 청년의 수가 최근 2년 사이 40%나 급증했다고 한다. 이는 한국 대중문화와 첨단기술, 대기업의 글로벌 영향력 덕분이라고 신문은 분석했다.

02
Je cherche un appart*.

아파트를 찾고 있어요.

*appartement의 줄임말

같은 뜻 다른 표현

- Je cherche un appart à louer.
- Je cherche un logement / un toit*.

*말 그대로 지붕만 있으면 된다는 유머러스한 표현

실전 회화

Minji : Qu'est-ce qu'il y a de nouveau ?
민지 : 요즘 어떻게 지내요?

François : Je cherche un appart.
프랑수아 : 아파트를 구하고 있는 중이예요.

Minji : Je vous conseille d'aller sur *seloger.com*.
민지 : 그럼 seloger.com에 가보실 것을 추천해요.

집들이

프랑스에서도 집들이를 한다. '집들이'를 pendaison(f.) de la crémaillère, 혹은 짧게 crémaillère(f.) 라고 하는데 중세시대에서 유래된 표현으로 당시 새로운 집을 지은 후 가장 마지막에 하는 일이 바로 'crémaillère 냄비걸이'를 매다는 것이었다. 이 행위에는 모든 것이 준비되었으니 새 집에서 만든 첫 음식을 함께 나누자는 의미가 담겨있다. 사진에서 톱처럼 생긴 것이 crémaillère다.

03 Je voudrais ouvrir un compte (bancaire).

계좌를 만들려고 합니다.

같은 뜻 다른 표현

- Je voudrais créer un compte.

실전 회화

Banquier : Bonjour. En quoi puis-je vous aider ?
은행원 : 안녕하세요, 무엇을 도와드릴까요?

Cliente : Je voudrais ouvrir un compte.
고객 : 계좌를 만들려고 합니다.

Banquier : Remplissez d'abord ce formulaire, s'il vous plaît.
은행원 : 우선 이 양식을 작성해주시겠어요?

급히 현금을 뽑아야할 때

프랑스 여행 중 ATM기에서 현금을 뽑아야 할 일이 생긴다면? ATM이라고 하면 과연 통할까? distributeur(m.) de billets가 어디 있냐고 묻는 편이 더 빠를 것이다. 혹시 근처에 소매치기가 있을 수 있으니 조심하자.

04 Il faut que je déclare la perte de mon passeport à l'ambassade.

대사관에 여권 분실신고를 해야 해요.

같은 뜻 다른 표현

- Il faut déclarer la perte à l'ambassade.
- Il faut faire une déclaration de perte à l'ambassade.

실전 회화

François : Qu'est-ce que vous cherchez ?
프랑수아 : 무엇을 찾으세요?

Bomi : J'ai perdu mon passeport. Il faut que je déclare cette perte à l'ambassade.
보미 : 여권을 잃어버렸어요. 대사관에 분실신고를 해야겠어요.

François : Mince. Vous êtes sûre ?
프랑수아 : 이런. 확실하세요?

'잃어버리다' 동사 perdre와 oublier의 차이는?

perdre는 잃어버려서 어디 있는지 모를 때, oublier는 «Je l'ai oublié chez moi. 그걸 집에 두고 왔어요.»와 같이 어딘가에 두고 왔을 때 사용한다.
그렇다면 '찾다' 동사 chercher와 trouver의 차이는 뭘까?
chercher는 무언가를 찾고 있을 때, trouver는 찾아서 발견했을 때 사용한다.

예문 Je cherche ma montre. 시계가 어디 있는지 찾고 있는 상황.
J'ai trouvé ma montre. Elle était sous le lit. 침대 밑에 있던 시계를 찾은 상황

05 C'est pour changer des espèces.

환전하려고 합니다.

같은 뜻 다른 표현

- C'est pour changer de l'argent.

실전 회화

Cliente : Bonjour, c'est pour changer des espèces.
고객 : 안녕하세요, 환전을 하려고 하는데요.

Banquier : Oui, madame. En quelle devise ?
은행원 : 네, 무슨 화폐로 드릴까요?

Cliente : En dollar, s'il vous plaît.
고객 : 달러로 주세요.

유로를 XX화폐로 바꿔달라고 할 때는 Changez-moi mes euros en XX라고 하면 된다.

예문 Changez- moi mes euros en won. 유로를 원으로 바꿔주세요.

06
Avez-vous quelque chose pour la toux ?

기침에 좋은 약이 있나요?

같은 뜻 다른 표현

- Avez-vous un médicament / du sirop* pour soulager la toux ?
- Je cherche un remède pour soigner ma toux.

*medicament 약, sirop 시럽

실전 회화

(A la pharmacie 약국에서)

Pharmacienne : Quel est votre problème ?
약사 : 어디가 불편하세요?

Client : Je tousse énormément. Avez-vous quelque chose pour la toux ?
손님 : 기침을 많이 해요. 기침에 좋은 약이 있나요 ?

Pharmacienne : Votre toux est-elle grasse ou sèche ?
약사 : 가래 기침인가요, 마른 기침인가요 ?

Client : Sèche, je pense.
손님 : 마른 기침인 것 같아요.

'~(신체부위)가 아프다'는 뜻인 'avoir mal à+관사+아픈 부위' 표현은 1과 11번의 표를 참고하자. 비슷한 표현인 'avoir du mal à+동사'는 '~하는데 어려움이 있다'는 뜻이다.

예문 A cause du nez bouché, j'ai du mal à respirer. 코가 막혀서 숨쉬기가 힘들다.

긍정적인 사고

프랑스 약사이자 심리학자인 'Emile Coué 에밀 쿠에'는 플라시보 효과를 발견한 사람이다. 환자에게 거짓약을 진짜약이라고 믿게하고 복용케 했더니 환자가 병이 나은 것을 보고 그는 자기암시의 효과를 병의 치료에 적용하게 되었다. 긍정적인 자기암시를 위해 그가 만들어낸 문장은 다음과 같다.

Tous les jours et à tous points de vue, je vais de mieux en mieux.
나는 날마다, 모든 면에서, 점점 더 좋아지고 있다.

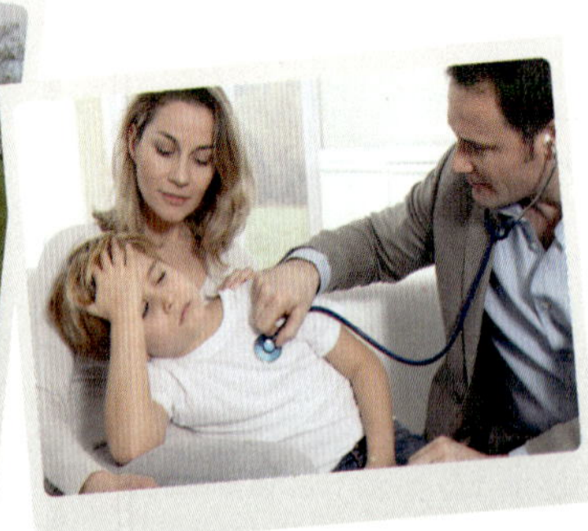

07
Une facture EDF* ?

전기세 고지서면 되나요?

*프랑스전력청, Electricité de France

같은 뜻 다른 표현

- Une facture EDF suffira ?

실전 회화

(A la bibliothèque 도서관에서)

Client : Bonjour, c'est pour connaître les modalités d'emprunt de la bibliothèque, s'il vous plaît.
이용객 : 안녕하세요, 도서관 도서대여 방법을 알고 싶습니다.

Bibliothécaire : Il faut être résident de l'arrondissement et présenter un justificatif de domicile.
도서관 직원 : 우선 해당 구의 주민이어야 하고 거주증명서를 제출해야합니다.

Client : Une facture EDF ?
이용객 : 전기세 고지서면 되나요?

Bibliothécaire : Ou une quittance de loyer.
도서관 직원 : 네, 그거나 집세납입증명서면 됩니다.

La facture est très salée ! 세금이 많이 나왔어요.

세금이 많이 나왔을 때 프랑스인들은 « La facture est très salée ! »라고 한다. salé(e)는 '짜다'는 뜻이다. 어째서 '짜다'는 뜻이 '많이 나왔다'는 의미가 될까? 'sel(m.) 소금'은 한때 화폐 대신 사용되었다. 로마 군인들은 월급으로 소금을 받았었는데 '월급'을 뜻하는 salaire(m.)가 바로 sel에서 나왔다. 소금이 많을수록 높은 액수에 해당하기 때문에 salé는 '비싸다', '(금액이) 많이 나왔다'는 뜻이 된 것이다.

08 Je voudrais envoyer un colis à l'étranger.

해외로 소포를 보내려고 합니다.

같은 뜻 다른 표현

- Je souhaiterais envoyer un colis à l'étranger.
- C'est pour envoyer un colis à l'étranger.

실전 회화

(A la Poste 우체국에서)

Client : Je voudrais envoyer un colis à l'étranger, s'il vous plaît.
고객 : 해외로 소포를 보내려고 합니다.

Employé : Bien sûr. Quel pays ?
직원 : 네. 무슨 나라로요?

Client : La Corée du Sud.
고객 : 한국으로요.

Employé : Très bien. Ça prendra 10 jours.
직원 : 네. 열흘이 걸릴겁니다.

Colissimo 꼴리시모

우체국을 la Poste라고 한다. 우리나라 우체국 간판과 우체통은 빨간색인데 반해 프랑스는 노란색이다. 따라서 우체국에 가려면 노란 간판에 파란색으로 LA POSTE라고 쓰여져있는 곳을 찾으면 된다.

'꼴리시모'는 프랑스 우체국의 국제 택배 서비스의 이름인데 배송 속도가 주말을 제외하고 4일 정도로 빠른 편이다. 혹시 프랑스에서 한국으로 소포를 보낼 일이 있다면 꼴리시모를 이용해보자.

09
Je voudrais avoir des renseignements concernant l'examen du DELF.

델프 시험에 대해 문의하고 싶습니다.

같은 뜻 다른 표현

- C'est pour me renseigner sur l'examen du DELF.

실전 회화

Candidat potentiel : Je voudrais avoir des renseignement concernant l'examen du DELF.
등록예정자: 델프 시험에 대해 문의하려고 합니다.

Employé : Oui, que désirez-vous savoir?
직원: 네, 무엇을 알고 싶으시죠?

Candidat potentiel : Y a-t-il des places pour la prochaine session?
등록예정자: 다음 회차에 자리가 있나요?

Employé : Oui, il en reste encore.
직원: 네, 아직 있습니다.

시험과 관련된 몇가지 어휘

수시평가	contrôle(m.) continu	기말고사	examen(m.) de fin de semestre
중간고사	contrôle de mi-semestre	모의고사	examen blanc

10

Il sort bientôt (de l'hôpital).

그는 곧 퇴원할 거예요.

같은 뜻 다른 표현

- Il quitte bientôt l'hôpital.

실전 회화

Sophie : Votre famille va bien?
소피 : 집안에 별 일은 없으시죠?

Minsu : Oui, sauf que mon père est à l'hôpital.
민수 : 네. 아버지가 병원에 입원해 계시긴 하지만요.

Sophie : Pour quelle raison?
소피 : 왜요?

Minsu : Il s'est fait opéré du dos. Il sort bientôt.
민수: 등 수술을 받으셨거든요. 곧 퇴원하실 거예요.

병원에 가기 전에

프랑스는 우리나라와 달리 병원에 예약을 하고 가는 것이 일반적이다. 예약을 하는 것이 조금 귀찮을 수도 있겠지만 가서 기다리는 것보다 훨씬 낫다.
병원은 **hôpital(m.)**이라고 하고 의사는 **médecin**이나 **docteur**라고 한다.
종합병원이 아닌 일반 동네 병원은 우리나라처럼 간판이 크게 걸려있지 않고 문 밖에서 보았을 때 일반 가정집과 별로 구분이 가지 않기 때문에 그냥 지나치기 쉽다. 미리 주소를 확인해두었다가 잘 찾아가야 한다.

The Coffee

Jour 7

축제 및 휴일

01_ Joyeux Noël ! 메리 크리스마스!
02_ Bonne année ! 새해 복 많이 받으세요!
03_ Avez-vous bien réveillonné ? 만나서 반갑습니다.
04_ Joyeux anniversaire ! 생일 축하합니다!
05_ Joyeuse Saint-Valentin ! 해피 발렌타인데이!
06_ Félicitations pour votre mariage. 당신의 결혼을 축하합니다.
07_ Je vous présente toutes mes (plus sincères) condoléances. 애도의 말씀을 드립니다.
08_ Je viens de voter. 투표하고 오는 길이에요.
09_ Félicitations pour la naissance de votre bébé ! 아기의 탄생을 축하드립니다.
10_ Profitez bien ! 즐거운 시간 보내세요!

프랑스의 공휴일

프랑스에는 11일의 공휴일이 있다. 여행을 하기 전에 이 날짜를 고려해서 일정을 짜야 할 것이다. 신년, 부활절 시즌, 프랑스혁명 기념일, 크리스마스 때는 특히 이동 인구가 많기 때문에 숙소나 교통편 등을 미리 알아보아야 한다.

신년	1월 1일	le jour de l'An 새해 전 날 집이나 식당에서 친구들과 모여 파티를 한다. 수많은 인파들이 샹젤리제와 에펠탑에 몰려 샴페인을 즐기며 파티를 벌인다.
부활절 월요일	4월 23일~ 4월 26일 사이	le lundi de Pâques 부활절은 이틀에 걸쳐 축하한다. (부활절인 일요일+이튿날인 부활절 월요일) 대부분의 경우 진짜 달걀보다는 달걀 모양의 초콜릿을 주고 받는다. 어린 자녀들이 있는 가정은 달걀 찾기 놀이를 하기도 한다.
노동절	5월 1일	la fête du Travail 길에서 은방울꽃을 파는 사람들을 쉽게 볼 수 있다.
승전기념일	5월 8일	la Victoire de 1945 제 2차 세계대전에서 연합군이 승리한 날을 기념한다.
예수승천일 목요일	부활절 40일 후	le jeudi de l'Ascension
오순절 (=성령강림일) 월요일	부활절 50일 후	le lundi de Pencôte 부활절과 마찬가지로 이틀을 쉰다. (오순절인 일요일+이튿날인 월요일)

프랑스혁명 기념일	7월 14일	la Fête nationale 샹젤리제 거리의 군사 퍼레이드와 에펠탑 불꽃쇼 등으로 볼거리가 풍성하다.
성모승천일	8월 15일	l'Assomption
만성절	11월 1일	la Toussaint 모든 성인을 기리는 날로 가족의 묘소를 방문한다.
휴전기념일	11월 11일	l'Armistice de 1918 제 1차 세계대전에서 독일의 항복을 기념하는 날이다.
크리스마스	12월 25일	Noël 프랑스 최대의 명절로 곳곳이 트리와 불빛으로 장식되고 성당들은 예수 구유를 재현한다. 이 날은 온 가족과 친척들이 한데 모여 선물을 주고받고 굴, 푸아그라, 칠면조 고기, 뷔슈 드 노엘(통나무 모양 케이크) 등으로 차려진 풍성한 식사를 하며 즐거운 시간을 갖는다.

주요 기념일(비공휴일)

주현절	신년 후 첫 일요일	**la Fête des Rois = l'Epiphanie** 아몬드와 버터를 주원료로 만든 황금색 빵, 'galette(f.) des Rois 갈레트 데 루아'를 먹는다. 이 빵 안에 사기로 만든 작은 인형인 'fève(f.) 페브'가 들어있다. 페브가 들어있는 빵 조각을 고르는 사람은 왕관을 쓰고 왕이나 왕비가 된다. 왕관은 빵 구매시 빵집에서 제공해준다. 
발렌타인데이	2월 14일	**la Saint-Valentin** 연인들의 날로 대부분의 매장 쇼윈도들이 빨간 하트와 장미꽃으로 꾸며진 것을 볼 수 있다.
마르디 그라	2월 24일	**le Mardi Gras** 카톨릭 금식 기간인 사순절의 시작을 알리는 날로 카톨릭 전통에 따르면 금식에 들어가기 전에 맛있는 음식을 마음껏 먹는 날이지만 요즘은 카니발 행사를 하거나 분장을 하고 이 날을 축하한다.
프랑스 음악축제	6월 21일	**la Fête de la Musique** 장르를 불문한 전세계의 다양한 음악을 전국 어디에서나 야외 콘서트 형식으로 즐길 수 있다.
문화 유산의 날	9월의 셋째 주말	**la Journée (européenne) du Patrimoine** 프랑스의 모든 문화유산을 대중에게 무료로 개방하는 날로 일년에 딱 이틀 뿐이기 때문에 천만명 이상의 엄청난 인파가 몰린다. 평소 입장이 불가능한 대통령 관저인 엘리제궁과 총리 관저인 마티뇽 등도 일반에 개방된다. 이 날은 유럽전역으로 확대되어 유럽 문화유산의 날이라고도 한다.
보졸레 누보	11월 셋째주 목요일	**le Beaujolais Nouveau** AOC(원산지 통제 명칭) '햇'와인 출시일로 친구들과 와인을 마시며 이 날을 축하하기도 한다.

01
Joyeux Noël !

메리 크리스마스!

같은 뜻 다른 표현

- Joyeuses fêtes !
- Bonnes fêtes !

  두 표현 모두 신년까지 포함하여 잘 보내라는 뜻

실전 회화

Sylvie : Bonjour, Minsu. Où allez-vous ?
실비: 안녕하세요, 민수씨. 어디가세요?

Minsu : Je vais dans les magasins pour faire les courses de Noël.
민수 : 크리스마스 쇼핑하러가요.

Sylvie : Bon courage. Il y aura beaucoup de monde. Joyeux Noël !
실비 : 화이팅이예요. 사람들이 참 많을거예요. 메리크리스마스 보내시고요!

Minsu : Merci. Joyeux Noël !
민수 : 감사합니다. 메리크리스마스!

크리스마스의 수도, 스트라스부르

크리스마스 시즌에 프랑스를 방문하게 되면 꼭 크리스마스 시장을 둘러보자. 특히 프랑스 동부의 **Strasbourg** 스트라스부르는 유럽에서 가장 유서가 깊고 규모가 큰 크리스마스 시장 중 하나로 300개 이상의 오두막 상점들이 알자스풍의 수공예품, 식료품, 크리스마스 장신구 등을 화려하게 진열해놓아 매년 200만 명 이상의 관광객들이 이곳을 찾고 있다.

02 Bonne année !

새해 복 많이 받으세요!

같은 뜻 다른 표현

- Je vous souhaite une très bonne année.

실전 회화

Pierre : Attention, attention. On y est !
피에르: 카운트다운이 시작됐어요! 자, 갑니다!

Tout le monde: Dix, neuf, huit, sept, six, cinq, quatre, trois, deux, un! Bonne année !
모두: 10, 9, 8, 7, 6, 5, 4, 3, 2, 1! 새해 복 많이 받으세요!!!

새해 인사는 1월 1일부터

프랑스에는 1월 1일이 되기 전에 새해 인사를 하면 재수가 없다는 미신이 있다.

03
Avez-vous bien réveillonné ?

만나서 반갑습니다.

같은 뜻 다른 표현

- Avez-vous passé un bon réveillon de Noël ? 크리스마스 이브일 경우
- Avez-vous passé un bon réveillon du Nouvel An ? 새해 이브의 경우

실전 회화

Bomi : Vous avez bien réveillonné ?
보미: 크리스마스 이브 잘 보내셨어요?

Julien : Oui, c'était très bien. J'ai revu toute ma famille. Et vous ?
쥘리앵: 네, 즐거웠어요. 온 가족이 다 모였거든요. 보미씨는요?

Bomi : J'ai été à la messe de minuit.
보미: 저는 자정 미사에 갔었어요.

Julien : Ah, je l'ai vue à la télé.
쥘리앵: 그렇군요, 전 TV로 봤어요.

Eve vs. Réveillon(이브 vs 레베이용)

'이브'를 **réveillon(m.)**이라고 하는데 이 단어의 동사가 **réveillonner**다. 그래서 '크리스마스 이브를 보내다', '새해 이브를 보내다'의 뜻이 된다. 프랑스인들은 보통 크리스마스 시즌은 가족들과, 새해는 친구들과 보낸다.

04 Joyeux anniversaire !

생일 축하합니다!

같은 뜻 다른 표현

- (Je vous souhaite un) Bon / heureux / anniversaire !

실전 회화

Sophie: Joyeux anniversaire, Minji.
소피 : 민지씨, 생일 축하해요.

Minji : Merci beaucoup. Je suis très émue.
민지 : 정말 감사합니다. 감동받았어요.

Pierre : N'oubliez pas de faire un vœu avant de souffler vos bougies.
피에르 : 초를 불기 전에 소원 비는 것을 잊지 마세요!

결혼기념일

결혼기념일을 축하할 때는 위의 표현 뒤에 de mariage를 붙여서 « Joyeux anniversaire de mariage ! »라고 하면 된다.
noce(f.)도 결혼을 뜻하는 단어로 신혼여행을 voyage de noces라고 한다. 결혼기념일 중 은혼식(25주년)은 noce d'argent, 금혼식(50주년)은 noce d'or, 금강혼식(75주년)은 noce de diamant이라고 한다.
☞ 결혼식 관련 내용은 7과 6번 내용을 참고하자.

05
Joyeuse Saint-Valentin !

해피 발렌타인데이!

같은 뜻 다른 표현

- Bonne Saint-Valentin !
- Joyeuse fête de la Saint-Valentin !
- Joyeuse fête des amoureux !

실전 회화

Julien : Aujourd'hui, c'est la Saint-Valentin. Est-ce que vous faites quelque chose ?

쥘리앵 : 오늘이 발렌타인데이네요. 특별한 계획이 있으세요?

Minsu : Oui, ce soir, c'est le grand jeu. Tout d'abord, petit restaurant romantique. Et ensuite soirée salsa. Et vous, vous faites quelque chose ?

민수 : 네, 오늘 저녁은 아주 중요해요. 우선 로맨틱한 레스토랑에서 저녁을 한 다음에 살사 파티를 할 거예요. 쥘리앵씨는 계획이 있으세요?

Julien : Non, je suis célibataire. Joyeuse Saint-Valentin pour vous !

쥘리앵 : 아뇨, 전 솔로예요. 즐거운 발렌타인데이 보내세요!

프랑스의 발렌타인데이 풍경

이 날 식당에서 식사를 하려면 반드시 미리 예약을 해야한다. 특선메뉴를 선보이는 식당에서 로맨틱한 저녁을 하기 위해 많은 커플들이 서둘러 예약을 하기 때문이다. 식사 후 서로 선물을 교환한다.

06 Félicitations pour votre mariage.

당신의 결혼을 축하합니다.

같은 뜻 다른 표현

- Félicitations pour votre union !

실전 회화

Sylvie : Bravo, Minsu. Ce fut un très beau mariage.
실비 : 브라보, 민수씨. 정말 아름다운 결혼식이었어요.

Minsu : Merci d'être venue.
민수 : 와줘서 고마워요.

Sylvie : Je vous en prie. Soyez heureux et encore félicitations pour votre mariage.
실비 : 고맙긴요, 당연한걸요. 행복하시고 다시 한 번 결혼을 축하드립니다.

프랑스의 결혼 문화는 어떨까?

결혼식을 올리기 전에 신랑은 남자 친구들끼리 일명 '총각파티'를, 신부는 여자 친구들끼리 '브라이덜 샤워'를 한다. 이 파티를 프랑스어로 **enterrement de vie de célibataire** 라고 하는데 '독신의 삶에 작별을 고한다'는 뜻이 담겨있다. 익스트림 스포츠, 광란의 술파티, 여행 등을 통해 친구들과 함께 평생 기억에 남을 추억을 만든다. 결혼식 당일에는 시청에서 법적인 결혼식을 갖는데 주례를 보는 사람은 시장이 된다. 이후 카톨릭 결혼을 원하는 커플은 교회로 이동해 종교 결혼식을 갖는다. 저녁에는 피로연이 열리는데 식사를 한 후 춤을 추며 밤이 늦도록 파티를 한다.

07 Je vous présente toutes mes (plus sincères) condoléances.

애도의 말씀을 드립니다.

같은 뜻 다른 표현

- Toutes mes condoléances.

실전 회화

Bomi : J'ai appris pour votre grand-mère. Je vous présente toutes mes condoléances.
보미 : 쥘리앵씨 할머니 소식 들었어요. 애도의 말씀을 드립니다.

Julien : C'est gentil. Merci d'être venue.
쥘리앵 : 감사합니다. 와줘서 고마워요.

Bomi : Sachez bien que nous pensons bien à vous.
보미 : 우리 모두 당신을 많이 응원하고 있다는 걸 잊지마세요.

조심하세요

죽음, 사망을 뜻하는 mort(f.)나 décès(m.)와 같은 단어는 피하도록 한다.

08

Je viens de voter.

투표하고 오는 길이에요.

같은 뜻 다른 표현

- Je viens de faire mon devoir de citoyen(ne). 시민권을 행사하고 왔다는 의미

실전 회화

Sophie : Tiens, bonjour. D'où venez-vous ?
소피 : 어머, 민지씨. 어디서 오는 길이예요?

Minji : De l'ambassade de Corée. Je viens de voter pour l'élection présidentielle coréenne.
민지 : 한국대사관이요. 대선 투표하고 오는 길이예요.

Sophie : Ah, c'est bien de voter même loin de son pays.
소피 : 그렇군요. 고국과 멀리 떨어진 곳에서라도 투표를 할 수 있다니 좋네요.

프랑스의 대선

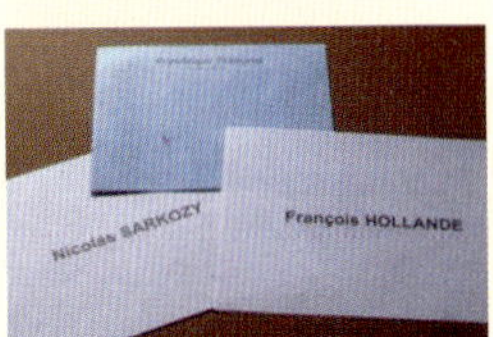

프랑스 대통령의 임기는 2000년을 기점으로 7년에서 5년으로 바뀌었다. 대선은 1차 투표와 2차 투표로 이루어지는데 유권자 500명의 서명만 얻으면 누구나 출마 자격이 있다. 1차 투표에서 상위 득표자 2명만이 2차 투표에 진출한다.

우리나라에서는 이름 옆에 도장을 찍지만 프랑스에서는 뽑고 싶은 후보자의 이름이 적힌 종이를 봉투에 담아서 투표함에 안에 넣는 방식이다.

09
Félicitations pour la naissance de votre bébé !

아기의 탄생을 축하드립니다.

같은 뜻 다른 표현

- Félicitations pour la naissance de votre fils (아들) / fille (딸).

실전 회화

Minsu : Avez-vous bien reçu mon faire-part de naissance et mes photos ?
민수 : 제가 보낸 탄생알림카드와 사진들을 잘 받으셨나요?

Pierre : Oui, et je suis très heureux de cet événement.
피에르 : 그럼요. 민수씨의 집안 경사로 저도 참 기쁘네요.

Minsu : Il est beau, hein ?
민수 : 아기가 인물이 훤하죠?

Pierre : Félicitations pour la naissance de votre bébé !
피에르 : 아기의 탄생을 축하드려요!

'faire-part(m.) 통지서, 초대장' 관련 어휘

청첩장	faire-part de mariage	탄생알림카드	faire-part de naissance
집들이 초대장	faire-part de crémaillère	부고	faire-part de décès

10
Profitez bien !

즐거운 시간 보내세요!

같은 뜻 다른 표현

- Profitez-en.
- Passez un bon moment.
- Amusez-vous bien.

실전 회화

Minji : Que faites-vous pour les vacances d'hiver ?
민지 : 겨울 휴가 때 뭐하실 거예요?

François : Rien de spécial. Et vous ?
프랑수아 : 특별한 계획은 없어요. 민지씨는요?

Minji : Je pars skier dans les Alpes en février.
민지 : 저는 2월에 알프스산으로 스키를 타러 가요.

François : Profitez bien !
프랑수아 : 재미있는 시간 보내시길 바래요!

보졸레 누보

매년 11월 셋째 주 목요일 0시는 프랑스 국민에게 각별한 날이다. 바로 보졸레 누보(Beaujolais Nouveau)의 첫 뚜껑이 만인의 설렘과 기대 속에 열리는 날이기 때문이다.

보졸레 누보는 리옹 근처 보졸레 지방에서 가메(Gamay)라 불리는 그해 수확된 포도로 만든 레드 와인이다. 숙성 기간은 4~6주로 비교적 짧아 숙성 정도는 60~70%이다. 엄밀히 말해 덜 익은 포도주인 셈이라 깊은 맛은 없지만 그해에만 맛볼 수 있기 때문에 희귀성과 더불어 깔끔하고 신선한 맛과 향이 특징이다.

우리나라에서는 2000년 11월 16일 오전 8시를 기해 판매에 들어갔다. 병당 가격은 1만 5천 원~2만 원 정도이며 시간이 지날수록 맛과 향이 떨어져 그해에 사서 그해 안에 마시는 게 좋다. 레드 와인이면서도 떫은맛이 덜해 화이트 와인처럼 12도 정도에서 마셔야 제맛이 난다.

일반인들이 와인을 고를 때에는 생산 연도에 따라 별표나 점수로 좋고 나쁨을 표시한 빈티지 챠트를 참고하면 좋다. 이 챠트는 와인숍에서 구할 수 있다. 나라마다 다른데 프랑스 와인의 경우 1994~1998년산 포도주가 최상급에 속한다. 프랑스 와인은 원산지별로 엄격한 생산 조건을 규정하고 이를 지키는 와인에 한해 라벨에 원산지 통제 명칭(AOC, Appellation d'origine contrôlée)을 표시한다. 꼭 비싸다고 좋은 것은 아니며 자신이 즐기는 맛과 향을 가진 포도주를 고르면 된다.

최정화 교수와 함께 떠나는 7일간의 프랑스어 회화 여행

초판 인쇄 2014년 7월 9일
초판 발행 2014년 7월 15일

저 자 최정화
발행인 김인철
발행처 한국외국어대학교 출판부
130-791 서울특별시 동대문구 이문로 107
전화 02)2173-2495~7
팩스 02)2173-3363
홈페이지 http://press.hufs.ac.kr
전자우편 press@hufs.ac.kr
출판등록 제6-6호(1969. 4. 30)
디자인 · 편집 (주)이환디앤비 02)2254-4301
인쇄 · 제본 현문자현 031)902-1424

ISBN 978-89-7464-924-1 13760 정가 12,000원(mp3 CD포함)